天下文化
BELIEVE IN READING

洞見未來

ENVISIONING FUTURE

勾勒美好新境界

目錄 CONTENTS

序

產業創新的開路先鋒

總統府資政 林信義

從 2004 年至 2008 年的董事長任內，與工研院同仁並肩為臺灣產業努力，並親眼見證工研院同仁戮力不懈的研究，持續扮演著推動臺灣經濟發展的創新引擎。

回首過往 50 年，工研院持續為臺灣的技術研發與產業發展注入源源不絕的動力，無疑是臺灣產業史上的關鍵角色。做為臺灣產業界的技術軍火庫，工研院除了因應產業需求導向的應用研發外，還必須持續投入前瞻創新技術研發，而在探索未知的過程中，失敗是必經之路。從失敗中學習、不斷進步，才能前進未來。因此，為工研院建立「鼓勵嘗試，允許失敗」的文化，以帶動更多原創性的突破發明。

在工研院 4 年期間，透過強化「跨領域」的整合，以「溝通、創造力及協同合作」等 3 大元素，讓各研究所能夠發揮團隊精神，以更有效率地進行創新研發及服務業界。而強調協同合作的本質，不僅是完成自己的職責，更能確保整體團隊不致因個體失誤而失敗。唯有如此，更能有效實施跨領域合作。

關於創新，如何正確使用和管理智慧財產權是重要課題。我們必須正視智慧財產權遭到濫用問題，否則智財權擁有者及研發團隊的利益將受到傷害，更可能阻礙技術的普及和應用。除了提高專利發明被應用及商品化的比例之外，也給予參與的團隊更合理的獎勵報酬，以激勵更多工研院同仁投入創新。

展望未來，工研院持續做為臺灣產業創新的開路先鋒，我認為必須進一步思考，如何在有限資源下做出最適當的決策；聚焦於最具突破潛力的方向，也就是所謂的選擇與聚焦（Select & Focus）。就以目前最為熱門的電動車為例，臺灣的資通訊產業堅強實力、汽車電子零組件的優質製造，加上工研院的助力，臺灣電動車產業必能擁有更寬廣舞台。

此外，工研院也應一本初衷，以業者需求為首要，勇於投入業界還未做、不敢做或不會做的產業科技創新。透過科技創新與整合應用，為產業創造領先產品與品牌價值，將研究成果轉型為實際應用，以前瞻國際及具特色的差異化，替代降低成本思維，才能真正為臺灣產業創造優勢，協助業者在競爭激烈的世界脫穎而出。

歡慶工研院走過半世紀，成就有目共睹，期許在未來的日子裡持續引領技術創新，由「追隨者」到「開創者」；由「技術」到「價值」創造，為臺灣產業締造更多輝煌成果。

序

持續學習，以新思維看向未來

智榮基金會董事長 施振榮

這是一個快速變化的時代，許多過往視為理所當然的事情，放在今日錯綜複雜的時空環境中，皆須以全新眼光看待；過往經驗有其參考價值，但我們必須不斷學習，以新思維展望未來。

過去，我提出「微笑曲線」，呼籲臺灣企業不能只靠相對低附加價值的製造，而要往附加價值較高的品牌和研發兩方面發展。時至今日，我認為「微笑曲線」已不足以探討現今的產業附加價值結構，因此，我針對過去的微笑曲線，結合幾十年來的產業觀察，提出「新微笑曲線」。

所謂的「新微笑曲線」與「微笑曲線」最大差異，就是強調跨領域整合共創價值的重要性，以前是二維的思維，但面對未來，要在新經濟時代創造更高的附加價值，需要有多維思考，才能取得成功。

也就是說，我們不能只看眼前的市場，而是要看到未來的可能性，不同產業須結合各自的微笑曲線，藉由資通訊、AI 智慧醫療、醫療照護 3 大領域的跨域整合，創造新的體驗及共享資源，有效鏈結成熟的產業價值鏈，將資源最大化利用並提高附加價值，創造出新的經濟效益。

例如，從資通訊產業的知識研發，到強調用戶體驗的智慧醫療，在新微笑曲線上，找到臺灣價值與產業定位。又例如，智慧生活不應該只重視科技的展現，更應該結合文化、藝術、生活方式和價值觀，這也是我們在全球競爭中，最有力及最獨特的優勢。

面對日趨複雜的全球局勢，不論是企業經營或產業發展，我們必須秉持「王道」精神，王道的 3 大核心信念就是「創造價值、利益平衡、永續發展」。我始終相信這 3 大核心信念，正是臺灣產業能夠穩健成長並邁向永續的重要關鍵。

在臺灣產業發展的道路上，工研院始終是強而有力、值得信賴的夥伴，走過 50 年，工研院早已不只是研發機構，更是推動臺灣科技創新並且不斷提高附加價值的重要支柱。

值此工研院 50 週年慶的重要時刻，我要感謝工研院 50 年來的每一位成員，你們的辛勤努力是灌溉臺灣產業的泉源之一。同時，也期許工研院在接下來的 50 年，持續與產業合作並創造價值，為臺灣建構光明未來。

序

創新創業，為臺灣創造更多可能

前工研院董事長 史欽泰

回首過往 50 年，工研院從草創時期的小型研發機構，至今發展成為國際知名的科研中心，工研院持續為臺灣的技術研發與產業發展，注入源源不絕的動力，成為臺灣產業發展史上的關鍵角色，其中蘊含無數人的努力和智慧。身為其中一員，我深感與有榮焉。

我 30 歲自國外留學回臺即加入工研院，有幸成為推動臺灣半導體產業發展的一份子，參與首波半導體技術的引進，與同仁共同協助聯電、台積電、世界先進等衍生公司的設立，見證並參與了臺灣半導體產業新頁的開啟。我在工研院從一個工程師開始，到擔任院長、董事長，最重要的是累積了「從無到有，創造最終價值」的經驗。

擔任工研院院長的 10 年間，為了讓工研院的知識向外擴散至產業，我推動成立創新育成中心與開放實驗室，希望工研院「變成沒有圍牆的知識寶庫」。

此外，我與同仁也努力將工研院推升為國際知名研究機構，協助臺灣產業往國際邁進，讓工研院成為臺灣與世界交流的重要平台。

日前參與工研院 50 週年座談會，我與多位院士針對「創新創業」議題討論，院士們也提出了相當寶貴的建議，藉此，我也想介紹我在清大發起的「預見科技桃花源」平台，盼收拋磚引玉之效。

此平台旨在媒合不同年齡層世代，希望藉由 50+ 世代擁有的資源、人脈、技術及通路，補足年輕人所欠缺的條件，協助年輕世代投入創新創業。透過這樣的跨世代交流與合作，我們可以一起關懷社會，挖掘各領域的潛在需求，串連各方資源與技術，為臺灣創造更多的可能性。

我畢生大半職涯都在工研院度過，可以說工研院是我一生最重要的事。我也相信，在臺灣產業持續前進的道路上，工研院始終是臺灣科技創新的最重要力量，工研院不只是一般研發機構，更是臺灣產業及社會克服未來挑戰的最佳助力。

適逢工研院 50 週年，我要對過去 50 年來所有工研院的同仁與幫助工研院的人表達深深的謝意，也期待工研院在未來 50 年，持續與產業界合作並創造價值，為臺灣打造一個更璀璨的未來。

序

掌握永續經營關鍵

工研院董事長 李世光

50 年前，工研院在臺灣政治與經濟動盪的背景下成立，一路以科技創新研發帶動產業，讓臺灣站上國際舞台。半世紀以來，工研院不僅攜手產業日新又新，更與臺灣經濟發展脈絡共生共榮。我們何其有幸，站在這個關鍵位置，也何其挑戰，必須承擔這個責任，繼續往前走。

回顧過去，瞻望未來，面對下一個 50 年，工研院須掌握當中的變與不變：變，是精益求精、順應時勢而變；不變，是堅持創新研發，推動產業的初衷不變。為什麼要變？因為我們面對的環境已經大不相同。不意而至的疫情、戰爭，長期壓力形成的地緣政治、極端氣候，身處「遽變」也是「巨變」的時代，唯有敏捷應對，與時俱進，組織才能永續發展。

臺灣也在變。過去臺灣產業與經濟的成長，相對偏重製造，國際大廠來臺投資，看中的多是生產成本相對較低的要素。隨著教育水準的提升、民眾生活大幅躍進，臺灣不能再以要素價格在世界上競爭，而應以創新能力來比拼，建立創新驅動的經濟，來維持國家的競爭力。

工研院成立以來，持續落實「創新」的核心價值，近年更聚焦市場導向的研發，屢獲國際肯定。7 度以創新及專利的運用與影響力，名列「全球百大創新機構」，與荷蘭艾司摩爾、法國國家科學研究中心（CNRS）等國際重量級組織並駕齊驅；連續 16 年榮獲「全球百大科技研發獎」（R&D 100 Awards）總共 58 個獎項，今年獲獎數名列亞洲第一，9 成獲獎技術已經技轉廠商。

而標榜技術市場性的「愛迪生獎」，工研院也是 7 度獲獎的常勝軍，今年在 400 多項技術與產品的角逐中脫穎而出，拿下 1 金 1 銀 1 銅的好成績。時至今日，工研院已躋身國際級研究機構，從技術跟隨者，變成技術創新者。

今年 6 月瑞士洛桑「國際管理發展學院」公布《2023 年世界競爭力評比》，臺灣在 64 個經濟體裡排名第六，為 2012 年以來最佳，其中經濟表現、科研能力、技術實力與創新成果指標，在全球名列前茅。工研院促成創新科技產業化與人才擴散，所帶動的創新效益，是其中重要的力量。

臺灣是以中小企業為主的經濟體，1980 年代以來，中小企業占整體企業家數維持在 97% 至 98% 之間，也代表 8 成以上的就業人口。過去中小企業還能憑著勤奮與彈性，造就出傲人的經濟奇蹟。然而，當前中小企業面對的議題益形複雜，像是數位轉型、淨零排放、生成式 AI 等重要趨勢，亟需科技與商業模式的創新，中小企業往往受限於資本與人才，相對處於弱勢狀態。

工研院肩負技術擴散、人才擴散的任務，素有「科技人才的少林寺」、「創新科技的中央廚房」之稱，目前擁有專利逾3萬件，孕育160多家新創公司，任職各領域的院友將近3萬人，在臺灣半導體、資通訊、光電、紡織、自行車、生醫、綠能等產業的崛起、轉型與蓬勃發展，都起了關鍵性的作用。中小企業應對未來的嚴峻挑戰，中大型企業的轉型升級、永續經營，都需要科技的幫助，可以說工研院是產業科技發展的創新引擎，臺灣產業需要工研院。

《洞見未來：勾勒美好新境界》一書，象徵工研院以終為始，為產業擘劃美好願景的初衷。透過工研院「2035技術策略與藍圖」對技術進程的規劃，我們與產業攜手，洞見2035年智慧生活、健康樂活、永續環境、韌性社會等領域的樣貌，並從現在起，發展這些領域的關鍵技術，以及人工智慧與資安、半導體晶片、通訊、智慧感測等智慧化致能技術，為臺灣產業在未來世界的競爭力添柴加薪。

管理學大師柯林斯（Jim Collins）在其經典《基業長青》中，分析許多歷久彌新的老牌企業，發現永續經營的關鍵在於兼顧變與不變，在維持核心理念的同時，還能不斷求新求變，刺激進步。

在這本書裡，我們嘗試為大家洞見世界的「變」，也希望在閱讀本書的同時，體察企業經營「不變」的核心價值，與工研院一起邁向創新轉型的新時代。

前言

預見未來，實現願景

工研院院長 劉文雄

2023 年是特別的一年，工研院成立滿 50 年。回顧當初，工研院在動盪的國際局勢中誕生，一路走來，從無到有，帶領臺灣從勞力密集的產業結構，轉變為技術導向的高科技大國，奠定了臺灣在資通訊、半導體產業的發展基石。

成為產業的堅實後盾

半世紀以來，工研院扮演臺灣科技產業發展的創新引擎，為國家培育出一代又一代的科技人才，更帶領產業升級轉型、蓬勃發展。

70 年代開始，工研院協助引進國外技術，協助臺灣從資本密集開始發展基礎工業與重工業；80 年代，工研院除將既有技術的製程改善與進階開發，也將人才轉移至民間，帶動新興工業發展，來自臺灣的晶圓代工廠逐漸成為全球積體電路產業的重要力量。

90 年代，工研院率先召集全國資訊電腦廠商成立「筆記型電腦聯盟」，擴散資通訊技術與人才，為臺灣資通訊王國奠定基礎；2000 年，工研院聚焦「六大新興產業」，進行前瞻與創新之技術開發；2010 年，工研院攜手產業綠色轉型，開創綠色商機。

2020 年迄今，工研院加速跨領域前瞻研究及市場應用，投入淨零排放、成功老化、生成式 AI 等跨域社會需求之議題，成就多元韌性發展，攜手產業邁向淨零永續的未來。可以說在臺灣產業發展的每個重要轉捩點，工研院從不缺席，始終是產業最堅實的後盾。

工研院做為臺灣產業科技的先行者，必須預見未來趨勢，並以科技勠力實現做為以科技研發帶動產業發展、創造經濟價值、增進社會福祉為任務的應用研究機構，工研院在實現跨域趨勢的路途上，期望以厚實的技術研發能量，發展出創新技術解決未來產業的問題。

一方面，工研院的技術研發將更具跨領域整合性，將研發成果扣合產業與社會結構課題；另一方面，工研院亦會積極成為國內外產官學研橋梁，讓技術研發成果，能與其他領域的專業能量結合，進而整合出跨域解決方案。

走過半世紀，值此承先啟後的里程碑，工研院特別規劃發行《洞見未來：勾勒美好新境界》紀念專書，以「2035 技術策略與藍圖」為主體，集結來自產官學研各界的翹楚，包括多位歷屆工研院院士及來自不同專業領域的研發主管，一同為臺灣的科技和產業發展，提供寶貴的建議，傳承院士智慧與洞見，擴散影響力，為臺灣構築未來美好願景帶來啟發。

迎接未來挑戰的關鍵

我們看到在「智慧生活」領域中，強調以智慧科技來創造幸福新生活，透過空間的連結、客製化、創造與互動，打造使用者更有效率且深刻的生活體驗，在滿足人民與企業所需的同時，亦創造商業發展新機會。

在「健康樂活」的領域，高齡化和少子化等現象，帶來了日益增加的照護需求和醫療負擔，未來科技和醫療的結合，包括資通訊、人工智慧和大數據的應用，創造新的醫療模式，實現成功老化的目標。

在「永續環境」的領域，氣候變遷造成全球各地災難頻傳，2050 年實現淨零排放勢在必行，隨著國際大廠已將碳排放納入成本考量，臺灣企業需要調整供應鏈的管理策略，將淨零排放擺在優先位置，以減碳科技結合臺灣行遍全球的供應鏈，共同打造臺灣綠色競爭力。

在「韌性社會」的領域，面對全球政經局勢充滿變數的環境下，唯有產業具有足夠韌性，才能迅速適應突發事件和變化，並為社會提供穩定支撐。

在支撐多元應用的「智慧化致能技術」領域，隨著物聯網、大數據或雲端運算等發展，人工智慧與資安、半導體晶片、資通訊、智慧感測等科技，正在重塑我們的社會和產業模式，未來需結合基礎應用並進一步展現創新系統及應用服務之價值，促發更多的應用可能。

科研成果必須轉化為產業效益，才能帶來新機會與新商機，工研院積極營造創業環境與創業文化，期望釋放研發團隊「創新創業」的潛能，並鏈結資本市場與科技市場，促進新創事業成長，為產業帶來成長動能，為臺灣催生未來的護國神山群而努力。

展望未來，工研院將持續以市場為導向，幫助產業從技術創新走向價值創新，面對新興科技如生成式 AI、5G、量子運算等不斷創新，工研院持續敏捷應對，積極回應市場需求帶來的技術挑戰，確保充分利用有限資源解決真正存在的問題，為臺灣產業創造新價值，成為產業、社會可信賴的重要夥伴。

深耕臺灣產業技術研發已逾 50 年的工研院，一路走來的每一步，都是與許多一起胼手胝足的產官學研夥伴，務實地朝著目標邁進。未來工研院將堅定地持續走在時代的尖端、產業發展的浪頭，幫助臺灣掌握先機、強化國際競爭力，更將扮演臺灣產業和世界接軌的橋梁，以科技之力帶來價值創新，幫助產業應對全球挑戰，預見未來，實現願景，再一次淬鍊臺灣經濟奇蹟！

1

第一章

前瞻探索

EXPLORE THE FUTURE

追求美好生活，實踐每個願景，是人類進步的動力。面對新世代的來臨，持續探索、擘劃、行動，逐步邁向更宜居安康的未來。

勾勒未來生活想像

因為了解民眾對於未來的期待，
工研院提出 2035 技術策略與藍圖，
以及 10 大跨域趨勢，擘劃美好願景。

近年來，氣候變遷與全球暖化加劇，以及美中爭霸、俄烏戰爭等重大事件影響，導致供應鏈斷鏈、全球性通膨、缺工缺料，對全球經濟造成極大衝擊，這些層出不窮的風險事件，也催生了 AI 人工智慧、無人載具等創新科技發展與應用，甚至興起一股淨零排放浪潮。

再看看你我生活周遭，新冠疫情暴發，超高齡社會來臨，大幅改變零接觸式醫病關係，智慧健康成為全球關注焦點。在數位環境下長大的數位原生代，逐漸成為社會中堅，根據調查，超過 3 成以上的民眾，每天都會花 1 小時在虛實整合的網宇世界中，進行工作、購物、教育、社交和娛樂，形塑出嶄新的勞動力、新經濟及新群聚型態。

實踐 2035 技術策略與藍圖

面對未來產業與社會永續發展的諸多不確定性，工研院超前部署中長期科技研發策略——「2035 技術策略與藍圖」，以積極主動的態度來因應與掌握這些產業、經濟、環境、社會及科技變動所帶來的機會與挑戰。

以智慧生活（Smart Living）來說，是透過智慧科技創造幸福新生活。滿足人的生活需求，重塑人與空間的運作體系，藉由空間連結、客製化、創造、與互動，打造使用者更有效率且深刻的生活體驗。

在健康樂活（Quality Health）議題上，以先進醫療照護讓生命更美好。結合醫療、ICT、大數據與人工智慧等科技，透過積極促進健康與創新照護模式以延長健康壽命，發展精準健康、精準醫療、精準照護的預防性全人照護。

至於永續環境（Sustainable Environment）則運用創新科技，打造生生不息的未來。以可永續再生之能源供應生產、消費與回收再利用端的能源需求，能將資源耗用與對環境排放衝擊極小化，建立淨零永續社會與產業發展共榮的生態體系。

所有美好生活願景，都必須奠基於韌性社會（Resilient Society）上，而如何打造韌性社會，則必須藉由科技助力，因應風險來穩健社會成長步伐。當衝擊與危機來臨時，預防風險、降低損失、快速應變，並化危機為商機，進而因勢利導的轉型。

上述4大應用領域，都需要智慧化致能技術（Intelligentization Enabling Technology）的投入與強化，並兼顧產業發展條件，搭配應用需求及技術演進，展現創新系統及應用服務的價值，藉由活力充沛的創新創業者，轉化成對應市場的服務與產品，進而驅動美好生活的落地與實踐。

從應用歸納 10 大跨域趨勢

工研院觀測國際最新前瞻報告，結合國內各領域專家的知識能量，從「智慧生活」、「健康樂活」、「永續環境」、「韌性社會」等4大應用面向，從中推演未來情境，激發民眾對2035年的生活想像，並整合趨勢前瞻、技術分析、策略規劃、政策評估等研究能量，提出未來10大跨域趨勢，做為闡述未來變化應如何被導引的藍圖或指南。

這些跨域趨勢是工研院綜觀全球政經局勢變化，以系統性

10 大跨域趨勢

智慧生活

1. 數位賦權
2. 網宇世界
3. 移動革命

健康樂活

4. 成功老化
5. 健康進化

永續環境

6. 脫碳能源
7. 低碳生活
8. 資源循環

韌性社會

9. 敏捷治理
10. 韌性城鄉

資料提供：工研院

架構的「2035 技術策略與藍圖」因應的未來願景，期盼以技術研發滿足產業經濟與社會永續發展的需求。

歸結全球有 10 大重要跨域趨勢包括：數位賦權、網宇世界、移動革命、成功老化、健康進化、脫碳能源、低碳生活、資源循環、敏捷治理、韌性城鄉。

趨勢 1：數位賦權

未來多數人將在人機協作的智慧環境中工作，如活用智慧裝置配備結合雲端資訊處理來掌握工作流程；運用機器人進行困難、危險、重複的作業，以減少職災風險等。

隨著各式場域朝高度數位化的演進，正確資訊將在最適當時機提供給有資訊需求的決策者是必須的。

譬如演算法廣泛運用在如訴訟、醫療、刑案偵辦等各種場域中，從海量資訊裡梳理出關鍵有用者，協助相關專業人士遂行其職務。

政府部門亦活用大數據分析與演算法等，來提升決策與施政品質。企業以產品全生命週期的思維，進行生產數據模擬分析，藉以確保供應鏈內的生產流程更有效能，並運用數據做出最佳營運決策。

此外，次世代網路的高覆蓋率，以及各種數位應用服務的百花齊放，讓都會與偏鄉的生活機能落差持續縮小，實現不論在何處或何時，所有人皆能透過各類數位應用服務，滿足其醫療、學習、使用公共服務等需求。

趨勢 2：網宇世界

虛實整合場域滲透至日常生活各層面，讓人類食衣住行育樂等各類活動，不論在體驗之深度與廣度，以及便利性上，均得到前所未有的擴充。

舉例來說，消費體驗將從實體商店購物與電子商務，進一步演進成立體化、實境化與沉浸式的型態。消費者可以不受時間與空間限制，透過數位分身在網路虛擬平台中選購商品，運用沉浸式體驗、體感回饋等方式，鑑賞商品質感或模擬感受實際使用狀況。

而線上教學、遠距學習等，亦將演化成數位虛擬教室、個人化與互動式學習平台、可穿戴之智慧教學裝置等型態，讓知識技藝的教學與學習活動，變成不受時空限制、活用虛擬實境與擴增實境等技術的沉浸式體驗。老師可以透過 AI 掌握個別學生的學習進度，提供量身訂做的學習建議。

在數位虛擬教室中，不同國籍的人可以透過數位分身相互交流學習，多重語言轉換的即時翻譯，讓語言不再造成溝通隔閡。虛擬互動模式亦被應用於娛樂遊戲產業、遠距工作、跨國商務等場域，未來構築人際關係與拓展商機，都不再受制於物理性距離或語言隔閡。

趨勢 3：移動革命

自動駕駛技術發展成熟後，由自駕車結合車聯網、道路智慧系統等來自動精準控制行進速度、行車距離或超車模式等，將比人類駕駛更為穩定、安全及高效率。

例如，自駕車把乘客送至目的地後，可依所設定條件自動搜尋停車位，然後在指定時間返回指定地點接乘客，讓移動更有效率。自駕車亦可運用智慧排程，進行多點接送多人的任務，使個別車輛閒置時間降低，並進一步發展出多元共享的移動模式，減少車輛的整體需求量。

無人載具亦將被用於高風險、高成本、勞動力不足之移動上。如物流企業會運用無人載具取代人力，進行運送或傳遞的工作，無人載具依設定路線在空中、地面、甚至是海上移動，並能與智慧倉儲與物流系統進行功能整合。

無人載具陸海空救援系統亦將完成建置，人類可以遠端操控無人船在海上搜索，或使用無人機運送醫療、救援物資等到災區或其他有需要的地方。

趨勢 4：成功老化

人類即使步入高齡，仍能維持身心健康之狀態，身體機能不會顯著衰退，依然可以在社會上貢獻一己之力，而不會成為負擔。

在分層醫療照護體系成熟發展，以及精準醫療、智慧照護等科技已被普遍運用的情況下，阿茲海默症等疾病可以被妥善控制甚至被治癒，高齡長者仍可自由獨立生活。精準醫療等科技發展，亦協助高齡長者，早期發現與預防高齡引發的衰老疾病、慢性病、心血管疾病等。而高齡長者亦可運用各種藥物、醫療器材或運動訓練等，延緩其思考、記憶力、運動機能退化。

高齡長者獨居或長者陪伴長者的家庭型態逐漸普及，高齡長者受惠於居住空間智慧化的發展，仍能享有安心便利的生活。智慧化的居家環境，配備高性能而無侵害隱私之虞的感知系統，可偵測長者的身心健康與生活情況。

多功能機器人或會成為高齡長者的「同居人」，並結合前述感知系統，隨時感知長者各項需求，提供家務操持、陪伴對話、協助室內活動等便利服務。智慧化居家環境亦會在高齡長者的生活狀況出現異常時，適時給予提醒回饋，甚至主動聯繫社會救護體系來提供適當協助。

趨勢 5：健康進化

人類發展生醫科技研究，結合 AI、大數據、雲端運算等資通訊科技，建置基因體與其他健康資訊之資料庫，大幅縮短藥物開發時程，並可進行個人化與精準化診療，進而實現人類可以同時長壽而健康的目標。醫療照護產業亦從疾病治療轉向預防和控制疾病，透過生醫科技與 AI 等技術協助，人類將與慢性疾病、新興傳染病等和平共存。

身障人士原本因先天或後天因素，而受到限制的生理機能，將可以在科技的協助下，有所提升甚至回復，進而可以更自由自在地參與社會活動。例如開發新型穿戴式裝置，或是開發利用侵入式裝置，進行神經刺激之方法，協助身障人士提升原本幾乎已喪失作用的感官功能，或是原本受到限制的身體活動功能。

在充分考量並因應可能引發的倫理問題後，人類將應用科技來協助其突破先天體能限制，試探並超越自身身體能力極限，進而提高人類生存能力。可能的科技應用態樣，包括開發穿戴式裝置協助人類擴展觸覺、聽覺與視覺等感官的範圍和敏銳度，並運用人工智慧科技協助人類辨識環境與控制裝置系統；亦可開發動力式外骨骼等穿戴裝置，提升人類的速度、負重等體能潛力。

趨勢 6：脫碳能源

潔淨能源將成為電力供應主要來源，化石燃料用量則會大幅下降，除目前已成熟的潔淨能源技術，例如風能、太陽能等再生能源，將持續被擴大部署外，生質能、氫能、氨能等新興能源技術亦將成熟到可以被普及應用。

整體氫能生態系，包括生產、儲存、運輸、應用等構面，將被完善建置。而長途交通運輸，如貨運卡車、航空與航運等，則會主要使用低碳排燃料，如液體生質燃料、沼氣與生物甲烷、氫基燃料等。另一方面，為求能完全抵消不得不排放的二氧化碳，創新的負碳技術將會普遍被應用。

電網將完成轉型，相關老舊基礎設施將被更換，不僅能滿足新的用電需求，更能提升電網的可再生能源容納量。另外，透過微電網（小型發電網絡）的建置與彈性運用，將能確保偏鄉及農村等人口較少地區的供電穩定與用電安全。電池儲能能力會大幅提升，進而促成儲能系統搭配可再生能源發電的各種運用，將出現分散式能源的新商業模式，如以電動汽車做為移動蓄電池，並導入能源管理，依供需進行放電或儲電。

趨勢 7：低碳生活

為了因應氣候變遷帶來的影響，各國致力規劃各項淨零排放的路徑，讓人類日常生活各面向，會有愈來愈多的減碳應用。

舉例來說，可能會出現小於 30 坪但功能齊全、居住舒適的緊湊型住宅（Compact House），內含各種智慧型高氣密、高斷熱、零能耗、再生能源發電、太陽熱能供應、熱泵供暖等節能減碳系統。搭乘共享自駕車可能成為通勤主流，以離家近的共享辦公空間為工作據點，則可縮減交通工具及辦公場域的碳排放。

一般人的飲食觀念，可能會轉變成依循低碳飲食及改變蛋白質來源等理念，例如完全素食或蔬食、改用替代肉製品、基於平衡食物（Balance Food）指南的健康飲食等。穿著上亦可能選擇以循環再生且使用壽命長之材料，且生產過程採用綠色製程的衣物。

各國淨零排放路徑之規劃，亦導引產業界做出更多降低碳排放的努力。個別企業會透過提升製造效率等方式，來降低碳排放，並在能效可提升空間已逐漸趨向飽和的情況下，配合產業投資週期，導入新技術來進一步減少碳排放。重工業減少碳排放量，會有部分來自於目前尚未商業化的技術，例如氫能或碳捕捉、利用與封存（CCUS, Carbon Capture Utilization and Storage）等技術。

趨勢 8：資源循環

產業將在製程中導入循環使用及廢料再生等技術，提升減少碳排放效果，特別是化工、鋼鐵、水泥等重工業。潔淨能源的推廣驅動，對金屬與稀土礦物的需求成長，進而帶動金屬與稀土礦物回收技術的研發與應用，例如企業從回收之廢棄電子

“ 為了因應氣候變遷帶來的影響，
各國致力規劃各項淨零排放的路徑，
讓人類日常生活有愈來愈多的減碳應用。”

產品中提煉取得關鍵礦物，來取代原先的天然開採礦物。

民眾消費意識亦可能改變，會選購資源消耗較低的產品，如購買或使用以二次原料製成的服飾、電子產品、汽車、甚至是建物等。我們生活中所有的廢棄物，也都會進入回收體系，進行回收再利用，例如透過生物處理，將農作物、糧食、木質殘渣等生物廢渣循環再利用做為產品材料，以降低資源消耗，並減輕環境負荷。

各國透過採取擴大集水、海水淡化、提升用水效率、廢水處理、研發回收和再利用技術等行動，實現每個人都能獲得安全且可負擔之飲用水的目標。

企業活動亦將達到水資源正效益（Net Water Positive），即其所復育或補充的水量高於其所使用的水量，而相關的可能技術，包括以空氣取代水，做為數據中心冷卻之載體；運用造林、河狸水壩技術讓水在系統中停留更久；運用「產水設備」，透過吸收空氣中的水氣，增加水資源供應來源等。

另一方面，為了保有土地生產力與糧食供應穩定，各國均採取行動減緩土地退化，例如發展並推廣防治荒漠化、土地退化和乾旱的技術，以及使用有機農業取代化學農業與化肥等。

趨勢 9：敏捷治理

各級產業均將導入智慧化管理，以農業為例，農民從栽種、培植到收成，會採取全天候、全流程、全場域的自動化解決方案，農民將不需親自下田，而僅需要進行遠端操控，由AI、無人機、機器人等來執行各項作業。農業智慧化管理將確保每單位農地面積，可獲得最大生產量，並盡可能降低農業生產活動的碳排放量。

而製造業會發展出高度數位化融合的供應鏈型態，產線會導入愈來愈多的智慧化管理，讓製造生產以更為精準而高效的方式進行。

整合多元技術之智慧製造方案，讓分散式製造愈來愈普及，並且形成微型製造商網絡，例如在 3D 列印技術與材料普及時，很多產品可透過 3D 列印方式製造，不需要再有專門的量產工廠或生產線，如此將可以滿足客戶少量多樣或單品客製化的需求。

生產製造活動導入自動化與智慧化管理，並不意味著人類勞動者就將退出生產製造活動，而是人類勞動者的工作內容將會有所轉變，如從事數據管理分析、機器維修、生產流程設計等工作。

趨勢 10：韌性城鄉

各國政府除了致力於復原自然環境，亦積極建置能與極端氣候共存的相關基礎建設，包括發展並建置能主動適應氣候變遷與災害（極端氣溫、風災、水災、地震等）之公共設施，其具備災害預警、抗災應變等機能；家家戶戶的終端將連接區域防災系統，共組區域災害預警與因應神經網絡。

因應資通訊網路攻擊不受疆界限制之特性，資訊安全將成為國際多邊合作的主要議題，複數國家會形成防堵資安漏洞的跨國合作關係。數位科技之發展將驅動具高信任度之數位世界成形，例如結合區塊鏈、AI 詐欺檢測及隱私增強運算等科技，來提高數位世界的信任度。前述數位創新的推廣應用，亦將以民主參與的方式來進行，因此聯網設備之使用者個人，也將更頻繁地參與在維護資訊安全的協力機制中。

以上例示了工研院從「智慧生活」、「健康樂活」、「永續環境」、「韌性社會」等 4 大應用面向，來實現 10 個跨域趨勢所揭櫫願景的努力，從中推演未來情境，激發民眾對 2035 年的生活想像，期望找出擘劃未來生活願景的方向，進而採取行動、逐步實踐，形塑出一個讓人類更宜居安康的未來。

精華摘要

- 工研院觀測國際最新前瞻報告，結合國內各領域專家的知識能量，從「智慧生活」、「健康樂活」、「永續環境」、「韌性社會」4 大應用面向，從中推演未來情境，激發民眾對 2035 年的生活想像，期望找出擘劃未來生活願景的方向。
- 工研院提出 10 大跨域趨勢，做為闡述未來變化應如何被導引的藍圖，包含數位賦權、網宇世界、移動革命、成功老化、健康進化、脫碳能源、低碳生活、資源循環、敏捷治理、韌性城鄉。

2

第二章

智慧生活

SMART LIVING

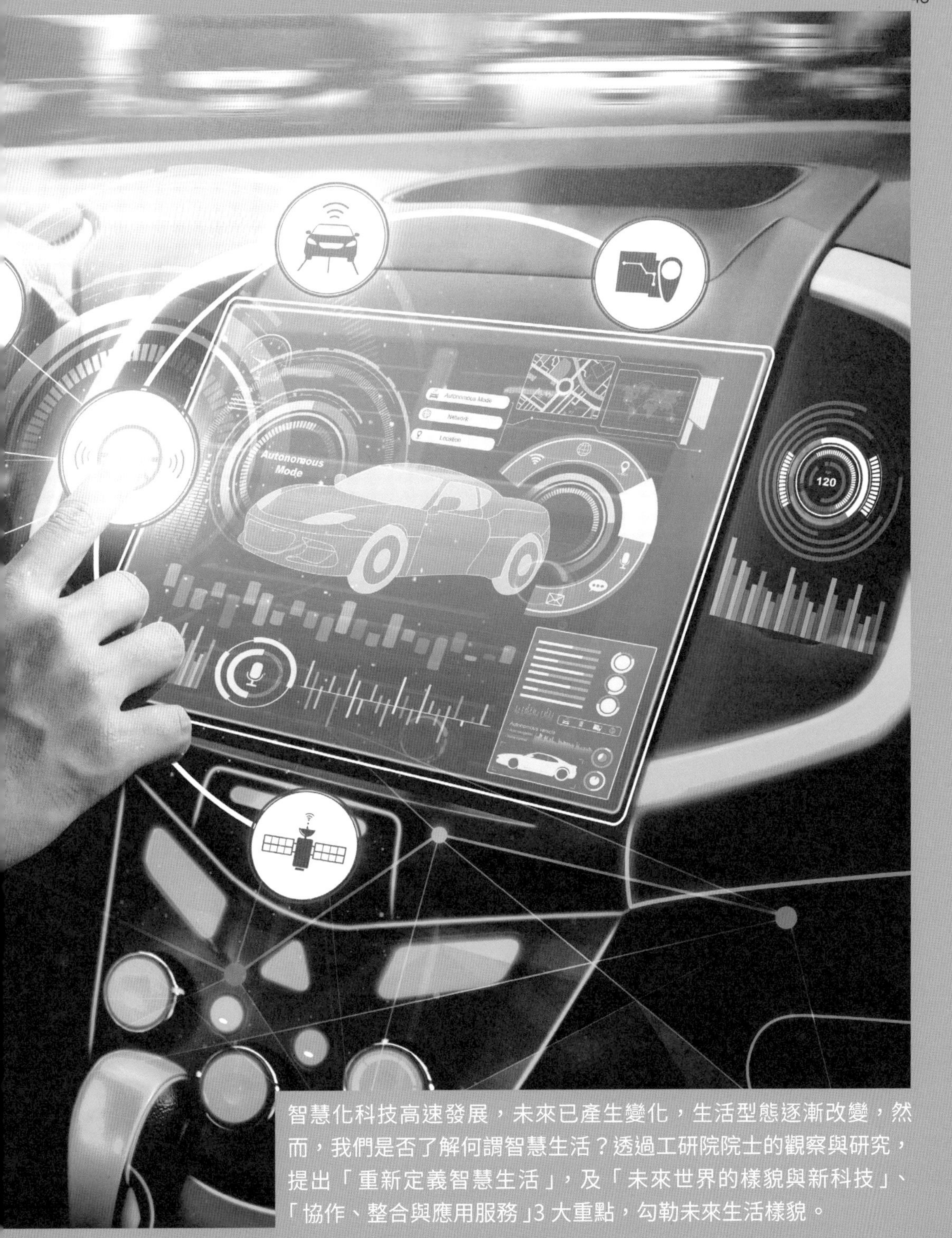

智慧化科技高速發展，未來已產生變化，生活型態逐漸改變，然而，我們是否了解何謂智慧生活？透過工研院院士的觀察與研究，提出「重新定義智慧生活」，及「未來世界的樣貌與新科技」、「協作、整合與應用服務」3 大重點，勾勒未來生活樣貌。

重新定義智慧生活

除了重視科技的展現，真正的智慧生活，
須結合文化、藝術、生活方式等，
滿足人類身心基本需求。

我們需要怎樣的智慧生活？

科技快速進展，智慧生活不僅是社會大眾追求的目標，背後產生的龐大商機更是產業成長的重要動能。臺灣做為全球資通訊重鎮，業者無論在技術實力或整合服務能力，都位居產業領先群，將有極大機會掌握智慧生活新商機。

然而，產業布局必須以終為始，我們得先思考消費者需要什麼樣的智慧生活，讓公司研發的產品更能貼近生活需求。對此，前工研院董事長史欽泰認為，在探討智慧生活前，需要重新定義何謂「智慧」。

他指出，過去被稱為「智慧」之人，意指有獨特思維方式和豐富想法，由此看來，智慧與人的思想密切相關。但是，當我們現在討論智慧生活時，經常只關注於生活的便利性，卻忽略了思想的提升。

滿足物質與心靈需求

真正的智慧生活，應該結合科技與文化，除了符合日常生活需求，也能讓人們在科技、藝術和文化的薰陶下，將身心靈推升到更高的境界。其實，物質與心靈都是人類的原始渴望，未來的智慧生活應該要滿足這個基本需求。

以智慧交通為例，最終目的應該是達到「交通順暢」的境界，高科技的導入，最大的重點之一，就是解決塞車這種不佳體驗。因此，無論是工研院或企業，都應將「技術導向」發展思維，轉為「滿足人的基本需求」目標，尤其機器無法取代人類陪伴的溫暖感受，即使進入虛擬實境，也無法滿足人類親身接觸大自然的感動。

智榮基金會董事長施振榮呼應此一觀點，認為智慧生活不僅在物質層面，更應該推廣至文化科技和精神生活層面。在未來智慧生活領域中，人文科學將扮演重要角色，業者可藉由專業知識和技能不斷創作，為智慧生活帶來更多創新。

因此，若能在既有資源或產品服務上整合生態系，將有機會創造出新價值。

譬如臺東池上，是農產品的重要生產基地，因為環境優美，在公私部門協力與整合下，營造出極具吸引力的氛圍，從而帶動整體附加價值。在此基礎下，若能導入科技應用，提升附加價值，甚至將農村在地文化及產業體驗，擴散到城市居民，讓無法前往臺東卻嚮往的民眾，也能在科技的助力下，深刻感受在地文化，將會創造出新需求與新商機。

讓科技滿足生活需求

至於未來智慧生活的願景，想像力會是重要關鍵。

許多科幻作品描繪的元宇宙、虛擬實境等概念，如今已逐漸落實在生活中，不過，要實現這些想像，需要考慮到現實世界的場域。

例如使用機器人代替警衛巡邏在某些場所或許有可能，但其他場所未必適用，像是封閉的辦公大樓只需有具備 AI 功能的攝影機，就能維護區域安全。因此，智慧生活必須根據不同場域的需求來制定方案。

此外，智慧生活將對人類既有的生活方式產生影響，例如未來或許真的會有機器人在公園中遛狗，但需要思考的是，這些科技應用是否真的必要？是否過度使用？科技的產生以及設計的功能，都會因人而異，因此，開發者必須結合人們的基本需求與真正的智慧生活理念，才能找出其中的關聯點與平衡。

對於智慧生活的科技應用思維，工研院副總暨服務系統科技中心執行長鄭仁傑建議，思考方向可從日常生活的需求開始，再從中找出合適的科技。

像是要建構高度信任的環境時，就可考慮使用區塊鏈技術，並與社會、資本鏈結，打造出可信賴機制，這方面的科技發展選題包括醫療、物流、文化運動等領域，透過領域專業者和文化創新人才的整合，從生活面需求驅動，建構起完整生態系，可以讓科技符合生活需求，又能解決問題與痛點。

從智慧生活到智慧城鄉

工研院資深副總暨協理蘇孟宗表示，智慧生活涵蓋的面向，不僅個人空間，也會擴大到整座城市，對於智慧科技在城市的發展，每個人都有屬於自己的美好與期待。不過同樣的，城市主政者與企業經營者，應思考「智慧城鄉」的概念，並與市民基本需求結合。

提到「智慧城鄉」，往往直覺想到便捷交通與各種先進資訊科技，但其實核心問題在於：科技應用是否真正符合人們需求？畢竟治理城市的最終目標，是打造人們生活、工作和娛樂的美好環境，科技只是助力，不該倒果為因。

此外，智慧城鄉建設也要納入居民的心理需求。在資訊爆炸時代，人們對於擁有安靜放鬆的自我時光需求更高，因此，科技必須有所節制，避免過度發展，甚至影響到人們的生活。

平衡與制衡也很重要，在民主社會中，科技發展不能忽視公眾利益，更不能無限制發展，尤其我們身處數位時代，面對駭客攻擊、數據洩漏等威脅，如何保障個人資料隱私，及如何確保資訊系統穩固與數據安全，都是重要議題。

蘇孟宗表示，除了透過教育，讓年輕人從在學期間就了解並建立數位資安觀念，營造平衡安心環境，讓人們享受科技便利之餘，不需要擔憂隱私被洩漏或被侵犯，是每一位城市治理者都必須思考的問題。

AI服務人類但不取代人類

近年來，AI技術的發展十分快速，而AI又是社會邁向智慧化進程的重要關鍵，產業必須充分掌握此技術帶來的優勢，但在此之前，需要深入思考的是AI在生活中扮演的角色。

蘇孟宗表示，AI是人類設計、創造出來的工具，目的是為

> “智慧生活的內涵不應只討論科技發展，
> 還必須考量人與科技的互動和平衡，
> 重視人的價值和能力。”

了服務人類、便利生活、提升效率，而非取代人類的智慧和能力。因此，AI 的討論不應僅限於智慧水準，更要關注是否能與人類建立起信任關係，而安全和信任又是實現智慧生活的關鍵基礎，必須確保 AI 的應用是安全可靠，才能讓人們放心使用。

工研院中分院執行長黃新鉗認為，真正的智慧在人身上，AI 是輔助人腦的工具，而非取而代之。未來智慧生活將融合各種情境，即使在家追劇、搭車旅行等行為，都使用數據、產生數據，設備系統的智慧化重點，就在於如何整合、應用這些數據。

史欽泰也提醒開發者與使用者，需深思 AI 對不同年齡群體的影響，特別是年長者，他們是一群對新興科技和數位應用陌生與困惑的使用者，因此，所有設計都須以人為本，考慮到不同年齡群體的需求和接受能力。

因此，智慧生活的內涵不應只討論科技發展，還必須考量人與科技的互動和平衡，重視人的價值和能力，方能善用其力量實現美好生活，從而邁向智慧生活目標。

科技發展實現智慧生活的願景，人們享受便利快捷的同時，也會被科技影響情感與感知層面。史欽泰提醒，當虛擬世界和元宇宙等新興科技提供了前所未有線上交流方式的同時，我們有沒有想過，在網路世界中，我們對情感連結與真實陪伴的需求，是否能被滿足？

以人為本滿足智慧生活

自從人類社會進入以科技為導向的境界，無情的鋼筋水泥建築阻絕了交流，人們被各種科技產品包圍，缺少真實互動與情感連結，冰冷的電子螢幕取代了溫暖的陪伴。

這種情形在年輕人之間發酵的更為嚴重。年輕人的社交活動，逐漸從實體轉移到線上平台，形成一種新型態的社交模式，在虛擬世界中，人與人之間變得冷漠、缺乏溫度，眾人的注意力被手機螢幕吸引，忽視了身邊人事物的感受與變化。

長此以往，未來可能會發生更困擾人心的問題：如果陪伴者變成機器人，這種陪伴能否滿足我們對情感的需求？這樣的世界是我們真心想要的嗎？因此，我們必須深思科技與人類的互動方式，科技應該是工具，而非控制生活的主宰者；科技應該協助人們建立真實的關係，而非提供表面、冷漠的交流方式。所謂的智慧生活，也必須建立在以人為本的基礎，讓科技發展有其意義。（文／王明德）

精華摘要

- 真正的智慧生活，應結合科技與文化，符合日常生活需求，也能接受藝術與文化的薰陶，讓身心靈推升至更高境界。
- 智慧生活涵蓋的面向，不僅個人空間，也會擴大到整座城市，無論是城市主政者或企業經營者，都應思考「智慧城鄉」的概念，並結合市民基本需求。
- 智慧其實在人身上，AI 是輔助人腦的工具，而非取而代之。
- 學校教育有許多挑戰需要克服，應鼓勵學生主動跨學科學習科技，累積專業知識也朝向多元化領域發展。
- 科技應該協助人們建立起真實的關係，也必須建立在以人為本的基礎上。

未來世界的樣貌與新科技

移動式的智慧生活與服務，
已經不是電影中的想像，
這場影響未來的科技趨勢，勢必要緊跟上。

上一篇探討了智慧生活的定義，勾勒出未來人們的樣貌，甚至可能遭遇到的困境與挑戰，本篇將針對智慧生活的科技應用，做進一步的論述。

應對新世界的變化

首先，我們必須先了解，如今的世界，各國政策、經濟、社會、科技等 4 大面向， 已經出現了巨大的改變。

從各國政策來看，最明顯的是地緣政治與 2050 淨零排放帶來的衝擊。

近年來，地緣政治衝突逐漸升高，在數位科技中扮演關鍵角色的半導體，被視為戰略性物資，確保半導體供應無虞，成為各國政府首要之務。此外，要實踐 2050 淨零排放達標的碳足跡追蹤、碳盤查與各種減碳作為，則必須透過數位化科技方能達成。

經濟面向可看到 3 大趨勢，首先是全球化和區域性貿易的拉鋸，讓供應鏈物流的韌性愈來愈重要。

其次為淨零排放政策，也造成深刻影響，由氣候組織（The Climate Group）與碳揭露計畫（CDP，Carbon Disclosure Project）所主導的全球再生能源倡議（RE100），加入 RE100 的會員將落實於 2050 年階段性達成百分百使用綠電之目標，其所引發的各種減碳、零碳認知已逐漸普及。最後則是智慧裝置滲透率快速升高。

社會方面，全球人口結構正在改變中，歐美和東北亞正朝向高齡少子化社會邁進，南亞和非洲地區的人口則持續增加。1997 年起出生的 Z 世代正成為社會主力，單身族群的比例也逐漸升高。

科技部分，AI 高速發展，應用範圍正不斷擴大，包括數位分身（Digital Twin），為製造業的虛實整合模擬提供有效方法，優化製造流程，透過數位分身讓虛實整合相關技術也日益成熟。

數位原生代崛起

除了外在環境改變，一群被稱為「數位原生代（Digital Native）」的下一代，將在未來世界中扮演舉足輕重的角色，他們的生活習慣，正是智慧生活的縮影。

數位化時代來臨，透過科技創造便利生活，幾乎成為下一代的生活本能，數位原生代包含 Z 世代和 α 世代，從出生起，身邊就充斥著無所不在的數位化設備，熟悉操作智慧手機、平板電腦和穿戴式設備，習慣使用社交媒體、線上購物和網路支付等，對於不斷出現的新興科技習以為常，高度適應不斷變化和更新的數位環境。

這群內建數位 DNA 的新一代科技人，生活觀點和行為模式也與上一代不同，他們將成為推動數位創新和變革的力量，並引領時代發展。

前工研院董事長史欽泰指出，不同世代的目標用戶需求有所差異，Z 世代對未來生活的想像必然與現有世代不同，他們的需求也會因環境改變而變化。面對此態勢，先一步掌握總體環境變化，再預想未來需求，就可以做好準備。

對此，工研院資深副總暨協理蘇孟宗，描繪了數位原生世代將打造的智慧社會面貌。首先，他們重新定義了勞動力、經濟和社群凝聚力，數位原生世代將成為未來社會的中堅力量，預計將有 3 成以上的人，每天至少花 1 個小時在元宇宙中工作、購物、教育、社交和娛樂。

蘇孟宗表示，這群 Z 世代的經濟實力成長速度，也明顯領先其他世代，將占全球勞動力 30%、全球所得的 25%以上，他們擅長使用科技產品，偏好在網路社群平台上與同好互動，活絡於元宇宙中，擁有多面向人格，透過不同的數位空間創造和表現自己的第二人生。

元宇宙的智慧革命

在此同時，智慧生活的系統設備也正快速進化中，新一代資訊匯流裝置與自駕車移動空間，就是其中兩大重點。

所謂新一代資訊匯流裝置，是由 XR 穿戴裝置和 AI 內容生成技術兩大技術組成。其中，生成式 AI 將加速 3D 內容開發，透過模擬與數位分身平台建構元宇宙，因此將帶來大量商機，並回頭拉抬 XR 穿戴裝置、數位分身、3D 內容、生成式 AI 等技術的進展，形成正向循環。

除了科技產業外，元宇宙也將影響其他產業的商業機制。例如娛樂業積極推出虛擬偶像和虛擬世界相關產品，製造業透過數位科技賦能與人機協作技術，大幅提高生產力，而數位原生代和他們的下一代對此的接受度愈來愈高。

前科技部部長徐爵民也認為，元宇宙將改變未來的生活樣貌，XR 穿戴式裝置將朝線上遊戲、機械或設備的遠距維修等應用情境發展，結合數位分身、虛實整合等軟體技術，讓遊戲、旅遊更有臨場感，同時創造出全新體驗。

以太空旅行為例，近年來隨著衛星產業蓬勃發展，消費者、產業人士開始想像太空旅行的可能性，但無論是技術水準或商業機制都未到位，目前只有極少數人能成行。

若能結合 XR 穿戴式裝置，讓人們坐在家中就能享受逼真的虛擬太空旅行，不只能將費用控制在多數人可以負擔的範圍內，同時也滿足人們想進行太空旅遊的心願，可行性相對提高許多。

在職場方面，XR 穿戴式裝置能提高工作效率，製造業者藉由 XR 線上即時資訊培訓人才，強化設備維修工作的效能，協助產業解決人才不足的窘境。此做法不僅可行性高，效益也相當顯著，目前已有製造設備廠商推出這類解決方案。

不過，從技術發展與市場需求來看，商業場域特別是製造業，導入效益明確，因此，這類型的解決方案，預計將先在非消費性領域落地。由於以數位分身生活在虛擬世界的服務非剛性需求，所以元宇宙在消費性市場的啟動速度，仍有待觀察。

“這群內建數位 DNA 的新一代科技人，
生活觀點和行為模式也與上一代不同，
他們將成為推動數位創新和變革的力量。”

在自駕車部分，新科技帶來新思維，移動空間和載具功能也將重新被定義。

智慧座艙帶來新視野

自駕車不再僅是一種交通工具，也成為生活空間，滿足辦公、居住、娛樂和購物等多元需求。移動空間逐漸轉變為「第三生活空間」，形成智慧座艙的概念，將推動抬頭顯示器（HUD, Head-Up Display）、光場顯示和環境感知技術等相關技術發展。

目前已有許多國家推出相應政策，希望透過最新技術，提升行車安全。例如歐盟在 2022 年開始實施 EU 2019／2144 法規，要求新車必須配備駕駛瞌睡偵測和注意力警告系統，就是一例。

徐爵民認為，自駕車發展已是必然趨勢，雖因牽涉「人」、「車」、「路」等複雜問題，離「完全放手讓車輛自駕」的目標還有一段距離，不過部分廠商的自駕車相關服務已經上線，智慧座艙就是目前最具指標性的案例。

而智慧座艙以需求為導向，整合車用電子、儀表板、車載系統、艙內多屏，和與行動終端設備等軟硬體技術，可透過 AI 深度學習技術，主動推薦用戶服務。同時為了確保駕駛行為監測的安全性，業者也致力打造多元的生態服務圈，提供包括各種第三方軟體功能的內容服務框架，艙內的多屏可互動、內容可共享互通，車機與手機可無縫串接，讓艙內外服務平滑轉換。

在此同時，系統也會持續優化用戶體驗，並滿足用戶需求。未來出遊時，同行者可在車內看影片、聽音樂，進行公務旅程時，也可在長途車程中開會或處理工作。

史欽泰則認為，人類的需求會因為時間、空間的變化有所差異，因此依據使用場域與情境區分應用服務，就顯得相當重要；對於移動空間中的駕駛，智慧座艙應提供的服務包括駕駛人的生理狀況監控、車輛與道路資訊，搭乘者則以娛樂服務為主。

機會與挑戰並存

無論是元宇宙的應用，或是智慧座艙的技術發展，將創造出產業新機會與各種挑戰。

以元宇宙來說，臺灣已有大量廠商投入 IC 設計、數位內容

移動服務的未來趨勢

因為車用感測、機電與娛樂等系統的整合，以及感測器能力的提升，可拉伸顯示器、透明顯示器、光場顯示器及感測技術擴及車內每個角落等優勢，讓移動服務成為未來趨勢。

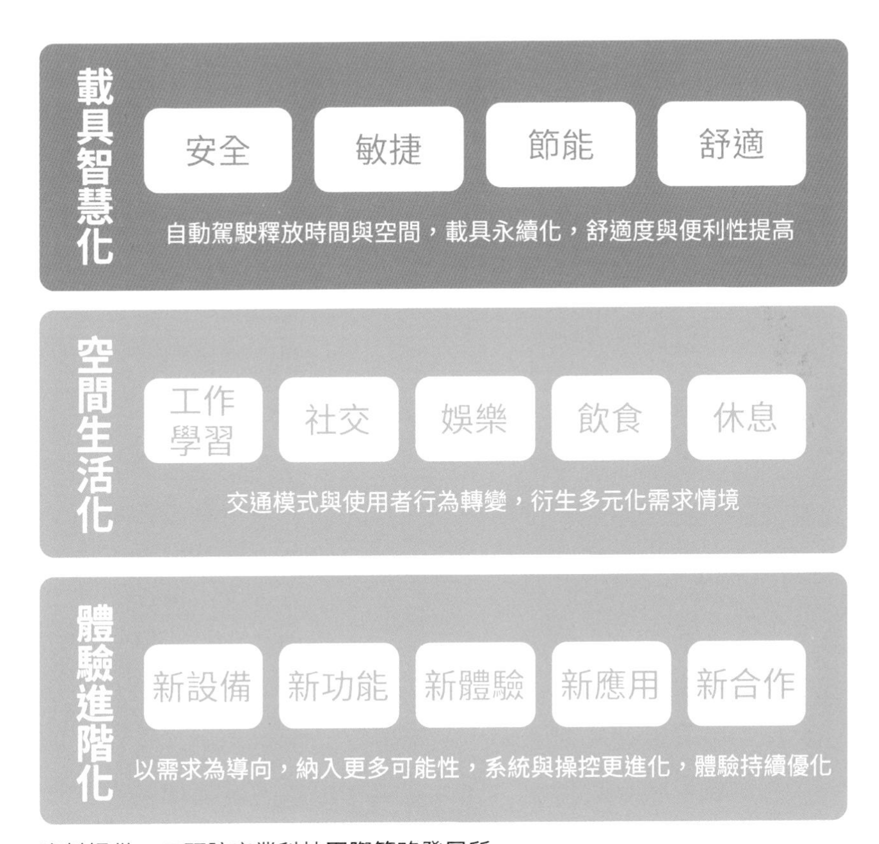

資料提供：工研院產業科技國際策略發展所

及服務領域，未來可以跨領域共創發展與價值創造。

產業元宇宙化則提供了跨域關鍵、網實融合技術方案及場域驗證，然而，在數位產權、交易、治理與技術成熟度等各個面向，仍面臨許多挑戰。

如今看來，國內研發步伐相對較慢，需要強化軟硬體整合及 IP 內容創作，以形塑產業共創價值。

至於強調與車內裝結合的智慧座艙，臺灣廠商已長期投入國外大廠供應鏈行列，並具備相關顯示技術基礎，包括可拉伸顯示器、透明顯示器、光場顯示器及感測技術，如今都能被廣泛應用於車內，帶來產業新契機。

產業挑戰方面，缺少知名整車廠和 Tier 1 大廠領軍，與人機介面、先進監控及協作機器人等技術方面的高度國際競爭壓力，是臺灣廠商仍待克服的兩大困境。

還有一項困境來自產業外部，目前國際大廠雖持續投入自駕車及無人機感測器軟硬體解決方案，但周邊行車環境與政府法規尚未到位，因此，自主移動技術與應用的落地營運時程，會比想像更長。

綜觀產業發展，上述幾項困境目前已逐漸出現解答。

首先是汽車產業快速變化，市場對非傳統車用電子廠商的合作態度轉趨積極；技術方面，臺灣半導體、資通訊技術能量雄厚，搭配國內廠商的彈性服務特質，將可在公車、卡車等商用汽車領域，搶占藍海商機。然而，在打造智慧生活、搶攻產業商機的同時，徐爵民與史欽泰也提醒眾人資安威脅問題。

強化資安的風險控管

徐爵民提到，隨著科技在生活中運用的程度愈來愈深，人們接收到的資訊也愈來愈多，這些資訊不只讓人難辨真假，還可能造成傷害，此風險只會愈來愈高。因此，所有人都須嚴正面對資安問題，在推動智慧生活的同時，更要培養獨立思考、自我判斷的能力，懂得辨別並吸收正確的資訊。

史欽泰也認為科技必有利弊兩面，強大的背後往往隱藏個資保護、企業資安風險。水能載舟，亦能覆舟，在發展的過程中，應該強化民眾、企業的科技風險控管觀念，以免未來衍生更多問題，導致未蒙其利而先受其害。

整合以上論述，我們可以描繪出智慧生活的樣貌。首先是數位原生的年輕世代將成為社會中堅，創造與以往不同的智慧生活。其次是下一代資訊匯流裝置，可能是具備 AI 內容生成能力的 XR 穿戴裝置、智慧座艙，低碳化的自主移動裝置將推進移動革命。智慧生活的功能要從應用面出發，思考科技如何融入生活，找出容易實踐智慧生活的切入角度，以漸進步調前進，慢慢融入數位科技，以提升民眾的接受度。（文／王明德）

精華摘要

- 數位原生代從出生起即身處無所不在的數位化設備，對於不斷出現的新興科技習以為常，能高度適應不斷變化與更新的數位環境。
- 地緣政治衝突逐漸升高，在數位科技扮演關鍵角色的半導體，已被視為戰略性物資，確保半導體供應無虞，是各國政府首要之務。
- 實踐 2050 淨零排放達標的碳足跡追蹤、碳盤查與各種減碳作為，必須透過數位化科技方能達成。
- 新一代資訊匯流裝置與自駕車移動空間，是快速進化的智慧生活系統設備。
- 生成式 AI 將加速 3D 內容開發，透過模擬與數位分身平台建構元宇宙，並拉抬 XR 穿戴裝置、數位分身、3D 內容、生成式 AI 等技術進展，形成正向循環。
- 推動智慧生活時，須嚴正面對資安問題，要培養獨立思考、自我判斷能力，懂得辨別並吸收正確的資訊。

協作、整合與應用服務

新技術要全面應用於生活，
須透過軟硬體整合，與滾動式調整策略，
才能持續創新並掌握商機。

當我們對未來智慧生活的樣貌及新技術的應用，有了更清楚的藍圖之後，可以看出工研院的研發重點，在於側重軟硬整合創新智慧裝置與服務，從內而外滿足民眾生活需求，同時成為連結臺灣與國際科技發展的關鍵角色。

而未來發展重點，包括智慧資訊裝置與自主移動系統，在複雜場域的應用、統合學習與決策軟硬體整合系統，和具備 AI 能力之機器人流程自動化、智慧助手或夥伴，以及創新智慧生活的服務系統。

工研院多年來持續投入研發，協助產業強化競爭力，面對智慧生活趨勢，更須與民間企業緊密合作，從而掌握已然浮現的龐大商機。

不斷試錯的歷程

工研院資訊與通訊研究所所長丁邦安指出，工研院在智慧生活領域的角色和工作，與其他產業應用是著重於將技術應用於日常生活中，而工研院的角色則聚焦在便利生活、促進健康、推動永續經營以及環保等領域。

相較於資通訊產業，工研院更像是公共財，透過科技專案，累積人才、技術和專利，再分享給產業與社會。對於技術研發，工研院必須有長遠眼光，在技術累積、生態系和產業發展等，也會有更寬廣的視野。整體而言，工研院的環境是一個試錯過程，即使失敗也會留下許多寶貴經驗和團隊，再繼續下一個旅程。

而工研院在選擇研發議題時，大致可分為 3 個思考層次。

第一層在於技術與產品是否在國際上被認可？是否符合國際主流框架？第二層是對臺灣產業界的助益；第三層為對工研院自身發展是否有幫助？滿足這 3 個層次的選題，出線機率就會比較高。

丁邦安以 5G 為例，通訊領域每 10 年就會出現新一代標準，5G 標準集結了全球通訊產業的智慧與力量，因此其中的技術規範、框架都是高度可信，只要按照標準來做，市場與研發風險就相對較低。

具備第一個層次基礎後，接下來的實作與推廣層面就較容易滿足。由於 5G 是國際主流標準，臺灣眾多產業勢必會投入資源，因此選擇相關議題進行研發，就能實際協助國內產業。

此外，對於核心任務是協助產業發展的工研院來說，5G 既然是符合國際潮流的必然方向，各所都有相關研究，可透過跨單位整合應用，為產業帶來正面助益。

臺灣是智慧生活實驗場域

對於工研院在智慧生活的思維與作為，智榮基金會董事長施振榮也提出幾點建議。他認為工研院可透過概念驗證（POC, Proof of Concept），強化系統效能與穩定性，加速智慧科技在生活層面的普及腳步，不僅可讓國人享受智慧便利生活，對國家經濟發展也有幫助。

無論是科技實力、基礎建設的完整度、場域規模、人民對科技的接受度、政府政策支援程度，臺灣都是智慧生活科技的最佳實驗場域，企業可在國內試驗系統功能、調整商業機制，再將之推廣至國際。

施振榮坦言，臺灣廠商在技術上或許不是最先進，但在技術落地，使之成為可行性系統設備方面，則有絕佳優勢，工研院則可整合跨單位、跨領域資源，強化技術的可行性。

他同時強調產研共創的重要性，在合作過程中，產業界應該從最初的選題就投入，而且由於投入資源較多，因此要有一半以上主導權，產業才有投入意願。

至於投入方向，施振榮認為，臺灣產業競爭力聚焦於B2B，眾多隱形冠軍在全球同類產業中占有重要地位，這些企業可以善用自身競爭優勢，在智慧生活領域推出產品與服務，工研院在提升臺灣企業技術能量時，可協助將解決方案輸出海外。

工研院服務系統科技中心執行長鄭仁傑則認為，無論是B2B 或 B2C，共創都是工研院與產業合作的重點，臺灣產業的強項是硬體技術，因此工研院可補強軟體部分。

他建議可建立以 SaaS（軟體即服務）基礎的商業模式，協助國內業者進行軟硬整合，並先將產品服務聚焦於臺灣產業較擅長的華人市場，成功率會較高。

著重無人載具和 AI 助手

面對未來，工研院應扮演科技整合運用角色，發展新科技

產業元宇宙化，跨域共創發展價值

臺灣在半導體、數位內容及服務已經有許多廠商投入，產業元宇宙化，提供跨域關鍵網實融合技術方案及場域驗證。

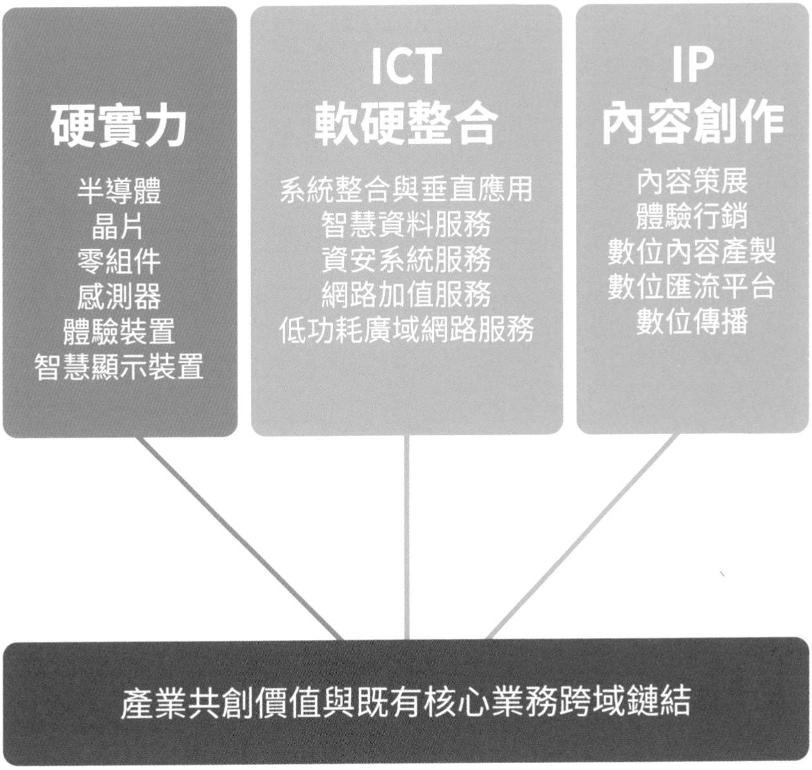

硬實力
半導體
晶片
零組件
感測器
體驗裝置
智慧顯示裝置

ICT 軟硬整合
系統整合與垂直應用
智慧資料服務
資安系統服務
網路加值服務
低功耗廣域網路服務

IP 內容創作
內容策展
體驗行銷
數位內容產製
數位匯流平台
數位傳播

產業共創價值與既有核心業務跨域鏈結

資料提供：工研院產業科技國際策略發展所

的同時，更可鏈結全球，整合國際上的科技並加以應用，這比自行開發新科技更加重要。

無人載具方面，工研院致力開發自駕車和自動導航機器人（AMR）等無人載具技術在智慧生活的應用，除了運行於城市道路，也可在工廠、物流等場域，協助業者配送貨物。

人工智慧助手是另一重點，工研院近期就與國內便利商店業者共同建置無人商店，透過人工智慧與感測技術的整合，打造便利購物體驗，這類商店適用於人口不多，或者是高齡化嚴重的地區。

對於人工智慧，前科技部部長徐爵民認為，工研院除了選擇具可行性的研發項目，還可投入更多資源，找出不可行的方向。人工智慧技術發展蓬勃，產業高度期待未來前景，應用想像也非常多元，不過因為技術仍在發展初期，未來狀況無法預測，而人類的生活形態不會因人工智慧的出現驟然改變，所有改變都是漸進式。

因此，工研院必須透過專業分析，找出明顯不可行的發展項目，協助產業將有限資源投注在正確項目上。

李長榮化工集團總裁李謀偉則表示，國外的生成式 AI 已發展多年並投入大量資源，臺灣在此領域雖然落後，但人工智慧尚未被全面應用在生活中。

他建議工研院與國內業者密切觀察有應用潛力、但尚未有廠商投入的領域，並與海外產研單位跨國合作，將合作夥伴技術應用於此，期望能搶占市場先機。

他同時提出，工研院應重視數據與演算法的重要性，例如臺灣舉世聞名的健保，其資料就有高度價值。

另外，農業也是臺灣可側重的領域，工研院可善用資料科學與人工智慧演算法，協助農業升級。

工研院中分院執行長黃新鉗也認為，農業可做為臺灣推動智慧化的重點產業，工研院過去是「以工輔農」，藉由感測、數據、AI 等工業技術協助農業發展，未來可「以農助工」，讓農業也能在淨零排放議題上協助產業。

在元宇宙部分，雖然發展速度不如預期，但未來仍深具潛力。工研院目前已投入混合現實和虛擬實境的研究，探索如何透過 AR、VR 和自動化攝影機等技術實現創新應用，關注重點包括利用自動化攝影機，進行人體追蹤和生理訊號的分析。

因應市場調整策略與目標

整體而言，工研院在智慧生活研發仍持續面對多種挑戰，譬如找出具有前瞻性、符合未來發展趨勢的研究議題，其次是建立合作生態系統，並與產業進行建構成效明顯的合作方式。

此外，智慧生活的領域高速發展，工研院需要持續思考、

> 無論 B2B 或 B2C，
> 共創都是工研院與產業合作的重點，
> 臺灣產業強項是硬體技術，
> 工研院可補強軟體。

應對新技術與市場變化，滾動式調整策略與目標，讓研發成果呈現最佳化。

要推動智慧科技的發展，除了強化企業技術能力、協助走進海外市場，人才培育也是工研院提升企業掌握智慧生活商機的責任之一。

跨域合作促人才培育

丁邦安提到，工研院高度重視人才養成，並持開放態度，鼓勵學校與院方合作，近幾年更積極調整人才政策，透過跨領域合作與國際合作吸引優秀人才，尤其掌握未來性議題，利用大型計畫來吸引對未來前途有願景的產學研夥伴一同加入協作。過去，進入工研院需要經過一系列嚴格的篩選和考試，現在則提出多種管道，讓有興趣的學生直接與工研院共同參與研究，並提供獎學金給有興趣念碩士或博士的學生，當完成學業後即可成為工研院的一員，入職後的研究領域也與在學期間一致，確保過去投入的資源與成果可以累積、延續。

此外，工研院也定期在學校演講，向學生介紹工研院的研究項目，希望能夠讓學生了解到，在未來的 5 至 6 年中，工研院將會投入哪些領域的研究，並且說服他們加入團隊從事相關研究。

工研院資深副總暨協理蘇孟宗表示，工研院非常重視各領域跨學科合作，以人工智慧領域為例，跨領域、跨所合作案例非常多，其好處是結合各領域的專長，提高研究項目的價值。

整體來看，工研院期望人才能夠具備開放的思維和跨域合作的能力，無論是進入哪個單位，都需要在不同領域之間進行合作，並且願意分享自己的經驗和知識；特別在智慧生活領域中，跨領域合作尤為重要，因為須涉及不同知識和技術。

對於人才養成，鄭仁傑認為，智慧生活包含面向廣泛，如製造、醫療、零售、文化、休閒娛樂等主流領域都有專業人才，唯有著重多面向的跨領域學習，才能精準選擇合適的資通訊技術，打造符合需求的智慧生活系統。

過去，工研院在資通訊領域已扮演重要角色，未來須持續強化研究創新，以精準選題和產創合作，協助臺灣產業掌握智慧生活商機，為產業發展做出貢獻，為人們帶來更便利、美好的生活。（文／王明德）

精華摘要

- ■工研院在智慧生活的領域，以提供便利生活、促進健康、推動永續經營及環保為目的，透過科技專案，累積人才、技術和專利，再分享給產業與社會。
- ■無論是科技實力、基礎建設的完整度、場域規模、人民對科技的接受度、政府政策支援程度，臺灣都是智慧生活科技的良好實驗場域，企業可在國內試驗系統功能、調整商業機制，再推廣至國際。
- ■工研院要推動智慧科技的發展，除了強化企業技術、協助走進海外市場，人才培育也是提升企業掌握智慧生活商機的重要責任。

3

第三章

健康樂活

QUALITY HEALTH

高齡化、少子化趨勢，不只改變人口結構，也對產業及社會帶來衝擊，我們須以精準健康為核心，打造全齡健康的社會。本章以「打造不需長照的健康社會」、「科技賦能醫療願景」、「整合多元應用，加速 AI 醫療發展」，剖析如何因應高齡化的衝擊，與臺灣生醫健康產業的發展重點。

打造不需長照的健康社會

預防勝於治療並非老生常談，
唯有重視精準健康落實預防和預測，
養成良好生活習慣，降低對醫療與長照的需求。

聯合國《2022 年世界人口展望》報告指出，全球人口預期壽命增加、生育率下降，加劇了人口老化現象，2019 年全球平均預期壽命為 72.8 歲，比 1990 年多 9 歲，預計 2050 年會來到 77.2 歲。而 65 歲以上人口占總人口比例也持續成長，預計從 2022 年的 10%提升至 2050 年的 16%。

而臺灣人口老化的速度比全球平均值更快，內政部戶政司最新人口統計資料顯示，至 2023 年 6 月底，臺灣 65 歲以上人口數已來到 418.8 萬人，占總人口比例約 17.92%，已經高於全球平均值。國家發展委員會甚至推估 2 年後、也就是 2026 年，臺灣將進入老年人口比例超過 21%的超高齡社會。

倒三角形人口結構

由以上數據可知，臺灣的人口結構正由原本幼年人口較多的正三角金字塔型，逐漸轉變為青壯年人數較多的彈頭型金字塔，未來隨著出生率下降，與人口高齡化的現象日益加劇，更有可能成為倒三角形金字塔。

人口結構的轉變，對社會帶來的影響就是：照護需求成長、照護人力減少及醫療費用增加。

近年來政府持續增加長照資源、推動設置長照機構，雖然可以緩解照護需求，長遠來看，政府必須持續估算長照需求人數及長照機構需求量，與照護人力長期不足等各種問題。對此，國家生技醫療產業策進會副會長楊泮池認為，最理想的做法是朝「不長照、少長照」的目標前進；由長照走向不需長照，才是高齡化社會衝擊的解方，而精準健康、善用初老人力，則是通往此目標的兩條路。

工研院執行副總暨副院長張培仁亦表示，臺灣的平均健康餘命及高齡者勞動參與率皆略低於鄰近國家，若能透過精準健康機制，延長國民的平均健康餘命，讓有意願有需求的高齡者可以繼續工作，方是面對高齡化社會的積極因應之道。

從精準健康出發，降低罹病率與就醫成本

先就精準健康來看，有別於精準醫療是在病患出現疾病症狀後，醫生綜合診斷結果、基因檢測數據、病患原本身體狀況及日常生活習慣等資訊，再精準的用藥與治療疾病；精準健康著重於發病前的預測及預防，根據每個人的風險狀況，設計專屬生活方式，讓老中青壯等各年齡層的民眾，都能維持身體健康、預防發生疾病，進而降低對長照的需求及醫療費用。

對此，台達集團創辦人暨榮譽董事長鄭崇華亦相當有感，他認為，預防勝於治療，雖然是老生常談，卻是維護健康最真實有效的方式。因此，台達內部相當重視預防性醫療的概念，透過各種措施，將健康的理念推廣給員工。

舉例來說，在員工同意的前提下，由職護擔任個管師的角色，協助員工了解目前身體狀況，並進一步追蹤與提醒員工就醫檢查。又如舉辦每日步數競賽，透過 APP 紀錄，讓員工每日都可看見步數最多的前幾名，以遊戲方式增強員工運動的動力。

鄭崇華相信，由具有衛教知識的職護教導員工正確的生活方式，使員工養成健康的生活習慣，便能降低員工罹患重大疾病的機率及就醫成本。

健康樂活的創新應用領域

鏈結臺灣 ICT 產業、健康大數據及醫療體系優勢，跨域共創精準健康、精準醫療、精準照護等新產業生態，並從健康管理、疾病診療到療後復建等，建立連續性、整合性的醫養護康智慧系統及創新服務模式。

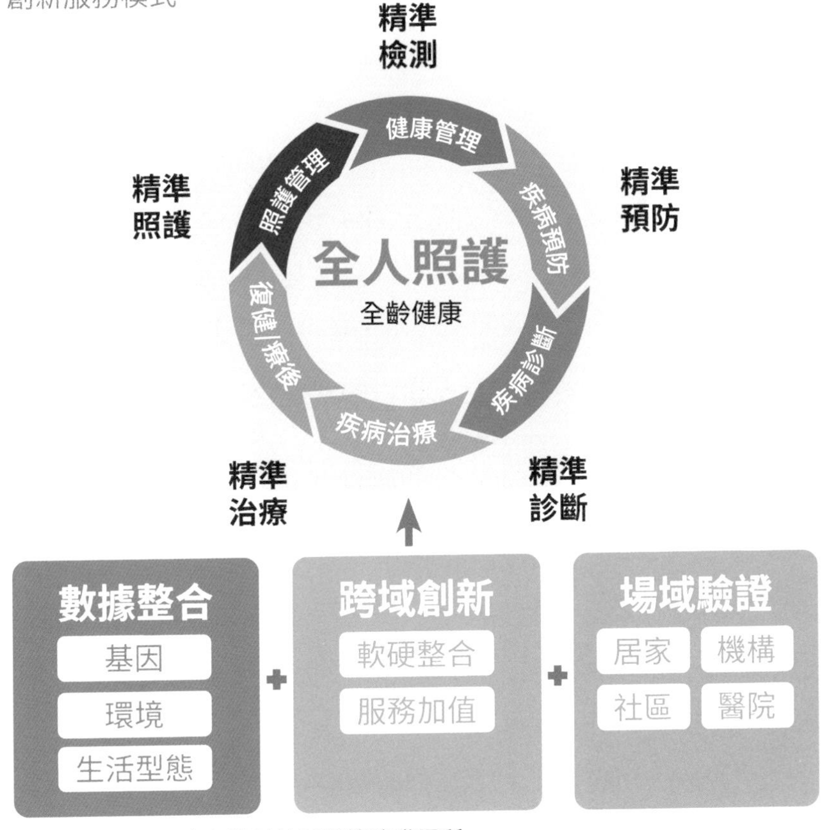

資料提供：工研院產業科技國際策略發展所

工研院生醫與醫材研究所所長莊曜宇補充指出，人體健康狀態是內外因子交互產生的結果，一個身體健康的人，除了天生基因好，後天生活習慣也很重要，而過去的醫學研究多將重點放在基因分析，如今則是要鼓勵個人養成好的生活習慣。

挖掘冰山下的健康促進商機

台達電子的做法，與精準健康強調「讓每個人都能保持健康」的理念不謀而合。楊泮池指出，未來臺灣生醫健康產業應該將重點放在維持健康，而非因應疾病，並且串連保健、檢測、醫材、保險、養生到養老各個價值鏈，讓各年齡階層的人都能從日常生活中，落實促進健康的目標。

從市場商機的角度來看，當生醫健康產業改變發展重點，由醫療走向健康產業，商機將更為龐大。

過往主要的服務對象為罹病者，但罹病者就像是浮在水面上的冰山一角，隱藏在水面下的亞健康族群和健康者，才是更大的族群。所謂亞健康族群是指，生活能夠自理，但健康狀況稍有困擾的族群，其需要各種產品及服務來幫助他們保持健康，避免變成真正的病患。

舉例來說，醫材產業可加強研發穿戴式裝置或非穿戴式裝置，讓使用者定期監測自身的心跳、血壓等生理數據，當生理數據出現異常變化時，使用者就能及早就醫，預防疾病發生。

而保險業可以透過保單設計，吸引民眾更加關注自身健康。如果被保險人的三高數字有改善，就可以降低保費，以鼓勵被保險人定期運動，或從事任何可以促進健康的行動，保險公司也能因此降低出險機率，形成雙贏局面。

這樣的思維，不只讓產業受惠，國家也能減輕健保負擔與醫療費用。依據衛福部統計資料，65 歲以上老年人口人均醫療支出為 19 歲至 44 歲世代的 4 倍，民眾若從年輕就開始維持身體健康，待年長時就不必頻繁往返醫院治療疾病，大幅減少醫療費用支出，更擁有生活自主能力，降低使用長照資源和服務的需求。

工研院串連資源，加速精準健康願景

然而，要實現精準健康願景，需要產官學研各界的共同努力。政府必須祭出相應的鼓勵措施，讓民眾關注自身身體健康，並且推動產業與研究單位往精準健康的方向前進。

學界必須要做的，是調整醫療教育方向。楊泮池引述中醫典籍《黃帝內經》中的「上醫醫未病，中醫醫欲病，下醫醫已病」，他指出，目前所有醫學院的教學內容都是在培養「下醫」，也就是病人已經有症狀、開始就醫後的治療，未來應該

> “生醫健康產業應該將重點放在維持健康，並且串連保健、檢測、醫材、保險、養生到養老各個價值鏈。”

朝培養「上醫」的方向前進，讓這群未來醫生了解如何評估民眾的罹病風險、如何協助民眾維持健康，

至於研究單位則是要協助產業，發展可以「促進健康」的產品與服務。長興材料工業資深顧問蕭慈飛認為，工研院不只有能力，也有使命去推動臺灣精準健康產業的發展。工研院是臺灣最有能量和立場的研究單位，應該積極整合臺灣所有法人的研究力量及各界資源，加速臺灣產業邁向精準健康之路。

呼應蕭慈飛的期許，工研院電子與光電系統研究所所長張世杰指出，工研院近年投入很多能量於研發相關技術，協助產業開發簡單易用的產品，讓民眾能夠輕鬆的在日常生活中落實保健。

舉例來說，日常生理數據的蒐集與紀錄，是疾病預防很重要的一環，但是過往人們只能到醫院去量測，不只麻煩也很辛苦，間接降低意願。如今拜科技進步之賜，很多穿戴式裝置在結合各種感測器後，使用者可以自主量測及記錄生理數據。

雖然此類裝置並非醫療設備等級，而是被歸類為消費性電

子產品，但所量測到的數據，有助於亞健康族群掌握身體狀況，在量測數據出現異常時，可以立即去醫院做更精準的量測。

因此，工研院積極研發各式各樣感測器與晶片，讓穿戴式裝置可以更方便的進行量測，獲得更多元的生理數據。例如之前開發出用來量測肌力的軟性 EMG 感測貼片，不只克服傳統硬式裝置穿戴不便、不舒適之痛點，還具備隔著 2 公分也能量測的特性，即便使用者穿著衣服或蓋著棉被，也可以直接貼附並進行量測，使用上相當方便且具彈性。

善用初老人力，延緩退化及縮減人力缺口

在精準健康外，善用初老人力是臺灣社會走向「不長照、少長照」的第二條路。楊泮池表示，在現今總人口數日益減少、平均壽命持續延長的情況下，臺灣需要重新思考 65 歲為退休年齡的定義。活化 65 歲以上健康的初老人力，讓他們有機會回到職場，與年輕人共同分擔工作，不只能延緩高齡者的退化速度，使其更健康，還能解決少子化帶來勞動力不足的危機。

這個退休年齡設定始於 1889 年至 1890 年間，當時德意志帝國首相俾斯麥為了富國強兵目的，希望人們到 65 歲就退休，將機會留給身體健康的中年與年輕族群，以便國家快速發展。

然而，在那之後的 100 多年間，全球醫療技術與健康水平

促進高齡就業，補足生產力缺口與延緩老化

臺灣的勞動參與率 8%，須提升至美國與日本的水準（20%至25%），可運用民間資金（如保險），創造勞參／社參誘因。

勞動參與率

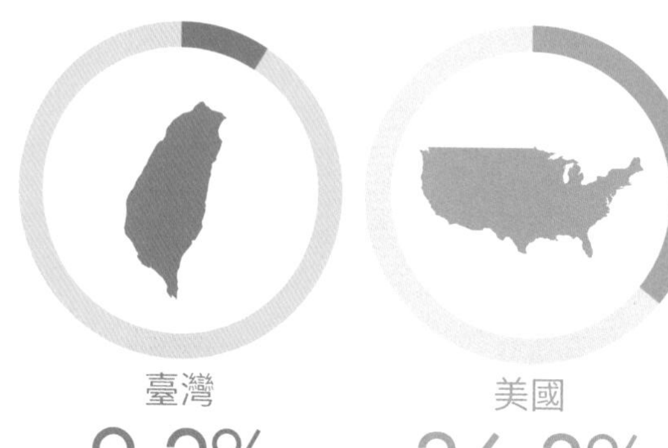

高齡者勞動參與率低

化負擔為創造價值

先進國家推動高齡勞動參與以實現成功老化

資料提供：工研院產業科技國際策略發展所

都有了長足的進步，如今 65 歲至 75 歲族群大多很健康，如果持續延用百年前的定義，將 65 歲以上的人視為需要被照護的老年人，顯然不符合現狀。

因此，臺灣有必要重新思考 65 歲為退休年齡的定義。但重新定義並不是要延後法定退休年齡，而是要找出可以讓這群人「退而不休」的方式。

畢竟延後法定退休年齡衝擊太大，容易造成社會動盪，也會限縮年輕人的發展空間。楊泮池認為，若能以榮譽職、義工或顧問的角色，邀請 65 歲以上、已經退休但仍身體健康的高齡者，每週定期撥出半天至 2 天的時間回到公司服務，無論對年輕人、高齡者、公司及社會都有很大的助益。

共創價值，打造和諧社會

對年輕人而言，在退休高齡者協助下，也可以減輕工作負擔。對高齡者而言，適度工作能打發時間，有更多機會與外界互動、活化大腦，還可從中建立成就感，保持身心健康，避免退化等各種老年疾病上身，也就不需要使用健保或長照資源。

對公司而言，高齡者在退休後又重新服務，不只能減輕人才不足的壓力，還可藉此機會讓高齡者將工作經驗傳承給新進年輕人，縮短新人錯誤嘗試及教育訓練的過程。

對社會而言，若能善用初老人力，至少可縮減 10%至 20%的勞動力缺口，同時避免族群對立的風險。因為高齡者是相對經濟能力足夠、身體健康又享有較多社會資源的族群，如果按照過去的定義，持續動用社會資源照顧這些長者，反而會引發 20 歲至 65 歲族群的不公平心理，更容易形成對立。

因此，這種四贏的局面，對於社會的穩定和發展具有重大意義。不過，要創造四贏，需要政府和企業的共同努力。

在政府端，應設法鼓勵企業善用初老人力，例如仿照綠建築標章，針對設有制度吸引員工退休後繼續服務的企業發予相應標章，或給予稅務抵減等優惠。

在企業端，與其用薪資做為誘因，不如思考如何創造高齡者的榮譽感和成就感，或者提供高齡者享有跟在職員工一樣的福利，例如使用企業內部運動中心、定期健康檢查等，更能提升高齡者退休後還想回饋公司的意願。

迎向未來高齡化、少子化社會，在現行以完善長照體制為主的政策外，政府更應該積極推動精準健康產業發展、努力創造 65 至 75 歲初老人力的勞動價值。而工研院亦將善用自身研發能量，協助產業轉型，加速臺灣邁向「不長照、少長照」的健康社會。（文／廖珮君）

- 由長照走向不需長照，是應對高齡化社會衝擊的解方；而精準健康、善用初老人力，則是通往此目標的兩條路。
- 活化 65 歲以上健康的初老人力，讓他們回到職場與年輕人共同分擔工作，不只能延緩高齡者的退化速度，還能解決少子化帶來勞動力不足的危機。
- 精準健康著重在發病前的預測及預防，讓老中青壯等各年齡層的民眾，都能維持身體健康、預防發生疾病，進而降低醫療費用。
- 工研院積極研發各種感測器與晶片，讓穿戴式裝置能更方便量測，獲得更多元的生理數據，以有效預防疾病。

科技賦能醫療願景

落實精準健康需要產業與政府共同投入，
推升醫材和生技製藥的發展，
開創國內外市場。

除了串連健康醫療相關的產業價值鏈，更因應高齡化、少子化衝擊，臺灣未來除了加強布局長照資源，更應朝精準健康的方向走，要達成這樣的願景，就需要資訊與通信科技（ICT, Information and Communication Technology）的幫助，加速落實促進健康的目標。。

因此，醫材與製藥兩大產業未來將更積極導入 AI、大數據分析、醫療物聯網、感測、監控、通訊、機器人、XR 等技術，不只協助醫護人員提高診斷和治療疾病的成效，更能降低民眾的罹病風險和就醫成本，從而達到預防疾病、促進健康的目的。

在臺灣生技醫療產業中，醫材一直是相當重要的領域。

《2022 生技產業白皮書》指出，臺灣生技產業營業額從 2012 年 3,590 億元，增加到 2021 年 6,665 億元，複合年成長率約為 7.1%，若進一步比較各領域的複合成長率，則以健康福祉產業增加 9.2%最高，醫材產業達 9%次之，應用生技產業也有 6.1%漲幅。

Bio-ICT 浪潮，推升臺灣醫材產業成長動能

推動醫材產業持續成長的原因，除了代工品項逐步往中高階產品的方向前進，近年來形成的 Bio-ICT 浪潮，亦是關鍵。

回顧臺灣醫材產業發展歷程，早期以代工生產血壓計、體溫計、輪椅與代步車等中低階醫療器材為主，之後轉移到血糖監測、隱形眼鏡等品項。近年來，隨著科技日新月異，結合科技應用、可以提升醫療品質和效率的複合式醫材，則成為醫材產業的發展趨勢。

由於半導體與 ICT 科技是臺灣一直以來的優勢產業，加上科技業一直在尋找可以擴大成長動能的新商機，因此形成臺灣科技業大舉進軍生醫產業的趨勢，例如電子五哥，鴻海、仁寶、廣達、緯創及英業達，皆先後跨足生醫領域，且在近 1 至 2

年逐漸開花結果。

其中，仁寶與工研院合作開發，並導入量產的第一款國人自製射頻消融治療系統（RFA, Radiofrequency Ablation），也就是俗稱的電燒，已經在 2023 年 3 月完成食藥署醫療器材查驗登記，取得產品上市許可。緯創與加拿大新創合作的下肢外骨骼機器人 Keeogo，則拿下臺灣 TFDA 及美國 FDA 認證，可以同步在臺灣與美國醫療院所正式銷售，協助中風等行動不便患者重拾行動能力。

此外，國內醫材新創能量充沛，許多以 AI 應用為主題的新創團隊，皆已取得美國 FDA 或臺灣 TFDA 認證，加速推動 Bio-ICT 浪潮。

舉例來說，以 AI 判讀腦出血狀況的 Deep01（愛因斯坦人工智慧），已經取得美臺 FDA 雙認證上市申請；以 AI 進行連續呼吸聽診監測的聿信醫療，也取得 FDA；以 AI 輔助子宮頸癌等女性疾病篩檢的柏瑞醫，則通過臺灣 TFDA 以及越南、新加坡等國家的正式醫療認證，並與當地醫療通路合作展開銷售。

綜觀全球醫材產業的發展，可發現臺灣醫材廠商的優勢在於高性價比，不只同時具備研發與製造能量，還擁有完整的醫材產業價值鏈，可藉由產業聚落上中下游的整合，使得臺灣醫材廠商能滿足醫材產業少量多樣的需求特性，並成功打入國際供應鏈，長期成為國際廠商的代工好夥伴。

只可惜受限於國土面積小、市場規模有限，延宕了臺灣醫材廠商的發展腳步。與國際大廠相比，臺灣醫材廠商的規模明顯較小，無論是品牌或通路行銷能量都不如國際大廠。

其次，醫療業追求穩定可靠，各國醫療院所都非常在乎使用的醫材設備，是否具品牌知名度，導致臺灣廠商即便推出創新產品，也不容易在短期內進入國際市場。再者，各個國家對醫材產品設有不同法規與申請規範，取得在地政府認證是相當耗時耗力的工作。

醫材產業進軍國際的 3 個思考

諸多原因影響臺灣醫材廠商研發新產品、經營自有品牌的意願，因此多以代工為主力，或將重心放在市場穩定及技術成熟的產品，減少法規重新申請所需的費用與時間。

面對產業發展的挑戰，臺灣醫材廠商該如何突破現狀、走出自己的一條路？除了善用 ICT 產業力量，藉助 Bio-ICT 浪潮打開國際市場外，還有 3 個方向可以思考。

思考一：做好選題，由罹病者擴大到亞健康族群

國家生技醫療產業策進會副會長楊泮池認為，過去醫材產業都是以病患或罹病者為題，如今應該擴大到更廣泛的亞健康

及健康族群。換言之，如何讓健康的人不要變成亞健康族群、亞健康族群不要變成罹病者，是未來醫材產業在開發產品時可以思考的方向。

思考二：轉換目標市場，由歐美面向東南亞

長興材料工業資深顧問蕭慈飛表示，有技術不等於有產品，有產品不等於有市場，有市場不等於有利潤，即便做好選題，還是不容易被全球市場接受。因此，在選題之餘，也要選對目標市場，由歐美轉向亞洲區華人市場，才能有所建樹。

目前，醫材市場多半由歐美大廠主導，臺灣醫材廠商所生產的系統規格，也多是參照歐美人士需求，但歐美並不是唯一的選擇。臺灣因為歷史淵源，匯聚了北方人、南方人等所有華人物種，擁有相當多元豐富的華人人體資訊，而東南亞有 5,000 萬到 1 億的華人，臺灣若能在醫療領域主導亞洲區域華人的規格，就可以創造很大的市場。

在開拓亞洲區華人市場之餘，臺廠也可以積極深化與歐美業者的合作關係。工研院生醫與醫材研究所所長莊曜宇指出，近幾年工研院一直努力與美國醫材大廠建立鏈結，邀請美國大廠的主管來臺，共同合作開發創新產品，或協助臺廠與國際醫療單位合作及申請醫材法規驗證，從原本的生產代工，向上擴大到產品的研發，同樣能提升臺廠在國際市場的競爭力。

思考三：與醫學中心合作，耕耘國內再進攻海外

楊泮池提出，醫療產品必須有人使用才能真正體現其價值，因此需要在臺灣建立良好的產銷通路，讓臺廠的產品在國內得到實際應用，才有更多機會進入國際市場，而關鍵就在臺灣醫學中心。

臺灣醫學中心的社會使命，不應該只有幫助海外落後國家，如提供義診服務、協助蓋醫院等，更要幫助臺灣生醫產業的產品在國內落地；並透過南向政策，推動臺灣醫療中心進軍東南亞的機會，讓生醫業者可以跟著醫學中心，前進海外市場，逐步建立更多通路與合作夥伴關係，方能推升臺灣醫療產業的國際競爭力。

對此，工研院亦積極推動跨域合作。莊曜宇表示，工研院積極建立智慧醫療產學聯盟，成員包括各大醫療院所及合作企業廠商，目的在打造臺灣指標示範場域，並以聯盟方式合作，推動智慧解決方案輸出海外、落地全球。2022 年共選出 7 件合作案，促成 15 案的跨域產學合作。

政府與產業共同投入，推升生技製藥業

在醫材外，臺灣製藥產業近年來也有不錯的發展。根據經濟部統計數據，臺灣藥品及醫用化學製品製造業的出口金額屢創佳

績，近 10 年平均成長 7%，顯見臺灣藥廠拓展外銷市場有成。

瑞士新創生技公司 Onward Therapeutics 董事長暨執行長葉常菁表示，臺灣生技製藥產業過去以國內藥品生產代工及銷售起家，從過去擅長的小分子學名藥，逐步發展改良型新藥、創新型大、小分子新藥，至近年亦有不少下一代創新技術療法的發展（如細胞基因治療、ADC、mRNA 及 AI 藥物等）。然而與其他國際公司的發展速度相較，臺灣除了一些較具規模的藥廠經歷多年取得國際藥證及通路外，多數中小型公司仍局限於國內市場規模，而雖然新藥開發公司近年有不少國際授權合作，但於創新技術療法領域上，仍待取得更多重大突破。

生技製藥產業要如何進一步提升產值，可以從兩方面探討，一是從藥品生產製造角度，可利用臺灣擅長的製造能力，切入生物藥、細胞治療、核酸藥物等新興領域的製造生產，建立整體產業的發展與利基；二是從創新技術角度出發，發展與國際銜接的下一代技術、扶植更多創新型療法公司，並與更多海外學研機構及產業公司建立合作，以取得更多的新藥成功國際授權或上市機會。

所幸，近年來政府扶植生技製藥產業，發展委託開發暨製造服務（CDMO, Contract Development and Manufacturing Organization），可望成為臺灣生技製藥的另一波成長動力。

2021 年底，立法院三讀通過新版「生技醫藥產業發展條

“ 國內醫材新創能量充沛，許多以 AI 應用為主題的新創團隊，皆已取得美國 FDA 或臺灣 TFDA 認證，加速推動 Bio-ICT 浪潮。”

例」，將 CDMO 納入租稅優惠範圍，國家發展委員會更透過國發基金挹注 CDMO 產業發展。因政府的支持，賦予臺灣生技製藥 CDMO 產業強大的發展潛力，加上全球 CDMO 市場快速成長，吸引許多臺灣業者投入。

舉例來說，鴻海集團投資台康生技 50 億元，跨足生物藥 CDMO 領域；製藥業者北極星亦獲得 30 億元資金，準備在宜蘭建置新廠，耕耘 mRNA 領域的 CDMO 業務；另一家製藥業保瑞也與台新健康基金合作，啟動 30 億元基金的投資計畫，準備進入大分子及細胞基因製造領域。

建構眼藥技術平台

因應 CDMO 發展趨勢，工研院亦善用自身的研發能量，積極開發關鍵技術、發展關鍵製程，藉此協助臺灣廠商進入高階 CDMO 供應鏈。

莊曜宇指出，工研院可以為產業提供從研究開發、雛形轉譯、GXP 試量產、臨床前驗證、臨床試驗、輔導上市到國際鏈結完整協助，不只幫助臺灣廠商降低產品開發先期投資成本，加速研發期程，還能輔導生醫廠商提升關鍵製程技術，發展產品從「體外」走入到「體內」，提高千百倍的附加價值。

以工研院所建構的眼藥技術平台——創新眼科 CRDMO（委託研究開發製造）產業化服務平台為例，具備兩大特色。首先，一次鎖定 6 種眼科疾病及其對應的部位，包含青光眼、葡萄膜炎、視網膜病變、乾眼症、脈絡膜及角膜血管新生等，都能協助業者研發眼藥。

第二，輔導廠商的範圍完整涵蓋所有製程，從藥物合成、配方設計、藥效、藥動、毒理、藥物試製、藥品優良製造作業規範（GMP, Good Manufacturing Practice）生產與法規文件撰寫等，均可提供業者客製化研發眼科新型分子藥物、新劑型藥物及含藥複合醫材，現已經和超過 10 家以上的生技與醫材業者密切合作。

生技製藥業 5 大成功關鍵

展望未來，葉常菁認為，生技製藥產業應掌握資金、人才、產品、法規與速度 5 大關鍵因素，強化國際競爭力並持續推升營運成長，然而，目前這些因素仍存在缺口並面臨著挑戰。

在資金面，與資本市場掛牌的生技公司相較，投資者於早期階段承擔風險的意願低，導致新創公司仍募資不易；在人才面，國內人才育成常以學研機構培育的人才出發，而企業內培訓聚焦於早期轉譯研發及製造銷售，相對缺乏專案管理及商業談判能力的人才。

在產品面，國內產業創新轉型的重點除醫療大數據庫、智慧醫療及生物製造等領域外，在新興治療領域如異體細胞治療、AI 藥物開發上雖已有廠商發展，但與國際上百家爭鳴的投入程度仍有落差；在法規面，國內藥品審核與國際法規接軌慢，且企業在國際法規臨床方面的能力仍相對不足；在速度面，國內新藥企業擅長於早期研發，但缺乏以終端市場需求為導向的開發思路及執行經驗，在進行國際化臨床試驗、生產製造、商業化上的專案執行常遇到瓶頸，因此在國際化上市及授權速度仍較慢。

如果要克服這些挑戰，在資金面，政府應與產業資金建立更深厚合作，引導產業資金投資早期公司，並協助更多創投基金投資，讓早期新創公司有足夠資金支撐營運發展；在人才面，應協助企業引導更多海內外新藥開發專家的加入，並建立專業人才培育計畫，培養跨領域發展及國際化人才。

在產品面，除了引導更多廠商發展下一代新興療法外，應鼓勵更多的海外技術合作，透過互補能力加強在領域內的深耕；

在法規面，國內除了更多法規如再生醫療法的開放外，也應透過引進國際人才或加強國際法規訓練，協助 FDA 等國際認證經驗；在速度面，可加強與海外公司進行合作，透過合作夥伴了解國際市場布局策略及國際藥廠需求，並進一步提升國際化臨床、生產製造及商業化的能力。

只要能把握這 5 大關鍵因素，臺灣生技製藥業便能趁著這波全球醫療照護業快速發展的浪潮，在國際舞台上更進一層樓。（文／廖珮君）

精華摘要

- 醫材與製藥兩大產業將更積極導入 AI、大數據分析、醫療物聯網、感測、監控、通訊、機器人、XR 等技術，提高診斷與治療成效，並達到預防目的。
- 半導體與 ICT 科技是臺灣的優勢產業，科技業一直在尋找能擴大成長動能的新商機，因此形成臺灣科技業大舉進軍生醫產業的趨勢。
- 臺灣醫材廠商的優勢在於高性價比，具備研發與製造能量，擁有完整醫材產業價值鏈，能滿足醫材產業少量多樣的需求特性，並成功打入國際供應鏈，成為國際廠商的代工夥伴。
- 臺灣生技製藥產業受到市場規模小的限制，以健康產品、學名藥的製造代工為主，近年政府扶植生技製藥產業發展委託開發暨製造服務（CDMO），可望成為臺灣生技製藥的另一波成長動力。

整合多元應用，加速 AI 醫療發展

AI 於醫療的應用發展，已邁入智慧醫療領域，
掌握大數據資料與分析判讀等能力，
讓醫護迅速診斷，給予適當治療準備。

全球數位健康產業正蓬勃發展中，從數位健康最常運用的人工智慧（AI, Artificial Intelligence）、區塊鏈（Blockchain）、雲端（Cloud）、大數據（Big Data）、邊緣運算（Edge Computing）5 大科技面向來看，AI 無疑是其中相當重要的發展趨勢，尤其近年來生成式 AI 應用的快速普及，更加速 AI 在醫療健康產業的進程腳步。

原因在於，AI 可以從大量歷史數據中學習並養成分析與判斷的能力，而醫療健康產業的其中一個特性恰恰是擁有大量數據，因此，適合導入 AI 應用，透過 AI 分析的即時性與精準度，可降低民眾罹病風險、提升醫療效率和品質，達成精準健康的願景。

不僅如此，根據 KPMG《2023 年全球醫療照護和生技投資前景》調查報告，提出醫療保健技術為首要關注重點，其中人工智慧、語音辨識與機器學習（ML, Machine Learning）三大應用更是被看好的領域。就連市場研究顧問公司 Exactitude Consultancy 也預測，全球 AI 醫療健康市場的年複合成長率為 42%，預計 2029 年將達到 1,697 億美元，充分說明 AI 應用已成醫療發展重點。

AI 醫療的多元應用

仔細觀察 AI 在醫療與健康照護上的應用，大約可以分為 5 大類型，其目的不外乎透過電腦輔助偵測和判斷，減輕醫護人員的工作負擔，及協助醫師可以快速做出適當的治療決策。

第一類：自動判讀醫療影像

X 光、電腦斷層掃描、核磁共振和超音波等醫療影像，是醫生判斷病患體內是否罹患某種疾病的依據，而藉由 AI 自動判讀病灶，再由醫師進行最後確認，不只可以節省判讀影像的人力和時間，還能提高判讀精確度。此技術已被廣泛應用於醫療，例如美國有許多演算法已經獲得 FDA 批准，允許醫師運用 AI 協助判讀數以萬計的醫療影像，及早做出診斷。

工研院資訊與通訊研究所所長丁邦安指出，因為過去深度學習技術發展快速，而深度學習最擅長的就是影像辨識，促成 AI 應用在醫療影像的判讀。

舉例來說，工研院研發的糖尿病視網膜病變診斷輔助 AI 系統，可以從眼底鏡影像判讀有沒有 4 大病徵，並標示出位置，解決臺灣過半數鄉鎮市區沒有眼科醫師的困境，讓新陳代謝科、內分泌科、家醫科等非眼科醫生，也能判斷糖尿病患是否該轉診至眼科，提高糖尿病患視網膜病變的早期篩檢率。

第二類：產出醫療文件或報告

透過 AI 語音辨識技術，自動產出病歷、處方、檢驗報告和其他臨床文件，讓醫護人員能夠更有效率、更精準地完成病歷或照護紀錄。

過去 2 年隨著新冠肺炎疫情引起的非接觸式浪潮，快速發展醫療語音 AI，且在歐美等英語系國家已有成熟應用，而臺灣亦有醫院導入，如新竹臺大分院在 2022 年將醫療語音 AI 應用導入醫師門診、臨床護理、身體診察等場域。醫護人員在與病人交談的過程中，AI 同步將口述內容轉化為文字，醫護人員確認後就可以上傳電子病歷系統，簡化約 3 成打字及紙本記錄等行政負擔。

隨著生成式 AI 的熱潮，醫療語音 AI 應用可望愈來愈普及。例如法國新創 Nabla 以 GPT-3 模型開發出醫療 AI 語音助理「Copilot」；微軟子公司 Nuance 則以 GPT-4 模型開發出名為「DAX Express」的應用程式，兩者都能將醫生和病人的對話紀錄整理成病歷。

第三類：掌握病患的風險和身體狀況

用 AI 分析住院病患的風險，並監測其生理數值的變化，以利制定最適合的治療方式，及最周全完善的照護，進而提高病患存活率。

舉例來說，聿信醫療的 AI 即時呼吸聽診監測儀，可透過貼片偵測及記錄病患的呼吸音，再根據偵測結果繪製成波形圖，並運用人工智慧演算法進行判讀。此舉能協助麻醉科醫師、急診室或加護病房醫護人員，時時監控病患的呼吸狀況，以確保其生命徵象。

還有臺中榮總與研華、東海大學合作，針對重症病患照護需求開發多個 AI 模組，用來預測重症病患在急性呼吸窘迫症候群、急性腎損傷、菌血症、呼吸器拔管、急性呼吸窘迫症（ARDS, Acute Respiratory Distress Syndrome）等疾病的風險值，以及手術 24 小時後和 72 小時後臨床惡化風險、出院後 30

天、90 天和 1 年內的存活率預測，讓醫護人員能夠及早掌握病患的狀況。

第四類：提升長照品質和效率

應用 AI 減輕照護人員的工作負擔、提升照護服務品質，例如以 AI 監控血壓、血糖等日常生命徵象，並警示異常數值，或由 AI 代筆撰寫照護與衛教紀錄，避免人為疏漏，增加紀錄完整度與效率。

工研院已在新竹榮民之家導入「全身型步態分析系統」，透過銀髮族的步態，分析長者衰退程度；在臺南榮家則導入生理監控技術，運用科技及時量測長者的生理資訊，並上傳至護理站，減少對長者的干擾，也減少照護者的人力負擔。

第五類：結合遠距醫療場景

結合遠距醫療應用，提升醫療照護服務的品質和效率。由於新冠肺炎疫情提高人們對遠距醫療的接受度、5G 通訊正式上路，加上健保署於 2021 年開放將遠距醫療納入健保給付範圍，諸多因素加速推動遠距醫療的發展。

未來，隨著遠距醫療的發展日趨成熟，會有更多場景能結合 AI 應用技術，例如巡迴偏鄉的行動醫療車，可以將 X 光影像及時傳輸回醫院進行 AI 判讀；或是先由 AI 與患者對話了解目前的症狀，提高醫師看診效率；救護車在載運傷患過程中，急救人員可將腦波圖、心電圖和其他資料傳給醫院工作人員，由醫師建議立即的治療方法，並及早做好相關治療準備。

雖然 AI 醫療應用面向相當多，但臺灣在發展 AI 醫療應用的道路上，卻一直面臨可用數據不足的挑戰。

AI 應用的基礎是數據，當數據量越大、越完整且類型越多元，AI 模型的分析結果就會越精準，所以各國政府或各大醫學中心，莫不積極整合相關數據，發展涵蓋精準醫療、精準健康到精準照護這 3 大面向的 AI 應用。

舉例來說，在政府端，如美國國家衛生院建立了世界最大的胸部 X 光影像資料庫、英國蒐集 50 萬人資料後建立的國家人體生物資料庫（UK biobank）。在醫學中心端，美國 Mass General Brigham 醫療集團（原名 Partners Healthcare）成立臨床數據科學中心（Center for Clinical Data Science），統整旗下所有醫院的資料；臺灣則有長庚醫院建立的長庚醫療大資料庫，整合全臺 7 家醫院病患的資料、影像、檢驗數據，以便發展各種 AI 醫療模型。

只不過醫療數據與個人隱私息息相關，在進行數據整合或流通時，經常會遇到法規限制、民眾擔憂資料外洩等問題，尤其臺灣更是如此。例如 2021 年健保局釋放過世者的 300 多萬筆資料，供外界研究使用，即便經過匿名處理，仍引起人權團體反彈與侵犯隱私的批評聲浪，這也是臺灣 AI 醫療應用發展不盡如人意的原因之一。

目前在《個人資料保護法》規範下，健保數據無法商用，只能以產學合作的方式，讓學界帶業界去驗證已經開發好的 AI 模型，而業界的 AI 開發能量多在新創團隊身上，新創只能一家家醫院洽談合作，才能使用多家醫院的資料進行訓練和驗證，以確保模型適用性，過程困難且耗費時間，偏偏速度又是 AI 醫療新創塑造競爭力的關鍵。也因此，在智慧醫療發展初期，市場普遍認為，臺灣有獨步全球的健保數據，有機會在智慧醫療新賽道上寫出好成績。

所幸，政府已預見醫療資料整合的急迫性和必要性，近年來積極成立各種計畫推動醫療數據整合，像是健保署「健保醫療影像倉儲與人工智慧應用平台建置案」、科技部「醫療影像之巨量資料建立與應用研究專案計畫」、「臨床資料庫與 AI 之跨域開發及加值應用計畫」及「健康大數據永續平台計畫」。

同時，經濟部亦打造「TIBIC 生醫產業跨域整合實驗場域」（Taiwan Integrated Biomedical Industrial Center），可串連上、中、下游產業鏈，整合廠商以及法人，除了要在國內建構完整的生醫產業生態系，並帶動產業群體一起拓展至國際市場，進而打造出整體服務輸出海外的新模式。

另外，還有中研院人體生物資料庫（Taiwan Biobank）、衛

> “AI 分析病患的風險，監測其生理數值的變化，以利制定最適合的治療方式及最完善的照護。”

福部委託國衛院建置的國家級人體生物資料庫，整合臺灣 31 個醫療院所的資料，成為未來加速 AI 醫療發展的動力。

工研院生醫與醫材研究所所長莊曜宇認為，臺灣在整合數據的過程中，可以用嚴格審查制度、與民眾的透明溝通及嚴謹資安防禦機制，降低民眾對隱私外洩的疑慮，及避免不肖人士做不當應用。例如 UK biobank 雖然分享給全球醫療業使用，但審查制度非常嚴格，且核准之後，每年都要寫報告說明做了哪些應用，提交給 UK biobank 審核，確保資料應用的合理性。

工研院整合資源，加速推動 AI 醫療

過去幾年，在推動 AI 醫療應用上，工研院除了協助產業研發 AI 相關技術、引進國際資源，輔導取得醫療認證外，更透過與資策會共同成立的數位經濟基金，為有潛力的臺灣 AI 新創提供充裕資金，使其能夠專注在產品優化與市場推廣。

舉例來說，工研院曾經輔導 AI 醫療新創 Deep01（愛因斯

坦人工智慧）取得美臺 FDA 雙認證上市申請，成為臺灣第一家、也是亞太區第一家獲得美臺 FDA 認證的 AI 醫療新創。

Deep01 的腦出血 AI 判讀系統 DeepCT，可以在病人拍完腦部電腦斷層（CT, Computed Tomography）影像後的 30 秒內，判讀是否有出血病灶，還能以紅線標記出血病灶的位置，協助醫生把握腦出血或中風病患的關鍵治療時間。

2022 年，工研院更攜手中化銀髮，引進日本 Social Action Organization 公司所開發的 ICT REHA 復健系統，並借重 Social Action Organization 照護資料庫裡逾 2,000 萬筆的資料，發展各種 AI 模型，再以中化銀髮暖時光日照體系為實證場域，建立臺灣本土化精準健康照護系統，從臺灣出發，逐步發展一套適合亞洲人甚至全世界的個人化智慧照護促健系統，達到大健康服務輸出國際的目標。

展望未來，榮剛集團創辦人陳興時期許，工研院積極和企業攜手合作，發展不同層面的 AI 應用技術，同時降低新創與中小企業的市場進入門檻，藉由各方力量，及政府持續促成醫療數據的整合與開放，定能使臺灣 AI 醫療應用遍地開花，進而推動數位健康產業發展，不只有機會成為臺灣繼半導體業後的第二座護國神山，更能加速發展精準化與個人化的醫療健康，讓每個人都能根據自身狀況，以有效的方式維持身體健康，降低高齡化帶來的社會衝擊，打造全齡健康的社會。（文／廖珮君）

精華摘要

■ AI 能應用在醫療與健康照護，透過電腦輔助偵測和判斷，減輕醫護人員的工作負擔，並且協助醫師快速做出適當的治療決策。

■ AI 應用的基礎是數據，當數據量越大、越完整且類型越多元，AI 模型的分析結果就越精準。臺灣在整合數據過程中，可以用嚴格審查制度、與民眾透明溝通及嚴謹資安防禦機制，降低民眾對隱私外洩的疑慮。

■ 工研院推動 AI 醫療，除了協助產業研發 AI 技術、引進國際資源，輔導取得醫療認證外，更透過與資策會共同成立的數位經濟基金，為有潛力的臺灣 AI 新創提供充裕資金，以專注在產品優化與市場推廣。

4

第四章

永續環境

SUSTAINABLE ENVIRON

MENT

面對全球暖化造成生態、環境與經濟等層面的重大影響，2050 完成淨零排放勢在必行，臺灣也不能缺席。因應「綠色貿易壁壘」加速制定碳排規範、「開發綠電科技」、「企業低碳轉型的挑戰」與「實踐永續教育」4 大面向，幫臺灣尋找解方。

綠色貿易壁壘

環境永續是全球共識，臺灣不能置身事外，
實踐淨零排放的目標非做不可，
政府和產業必須制定進程計畫。

全球氣候變遷日益劇烈，鋪天蓋地的影響之下，沒有人可以是局外人。在永續環境的實現上，淨零排放是最為關鍵的議題。

碳排放是氣候變遷的主要原因之一，因此，控制碳排放至關重要。為了力挽暖化狂瀾，許多國家和地區已制定各種計畫，力求在 2050 年實現淨零排放，無論從哪個角度來看都充滿挑戰，但我們一定得做。

工研院執行副總暨副院長胡竹生指出，對企業而言，實現淨零排放目標，不僅是為了人類的生存，也有商業上的考量、經濟上的誘因，攸關國際競爭力。

碳稅政策上路，淨零排放勢在必行

歐盟碳邊境調整機制（CBAM, Carbon Border Adjustment Mechanism）法案於 2023 年 5 月 17 日生效，2023 年 10 月 1 日至 2025 年 12 月 31 日為引入 CBAM 的過渡期，2026 年 1 月起將全面實施 CBAM。

過渡期間，CBAM 涵蓋產品的進口商需要按季度，向歐盟執委會報告包括相關產品碳排放量在內的資訊。過渡期後，進口商必須購買 CBAM 憑證，歐盟海關將僅允許經授權的 CBAM 申報人進口的產品入境。

CBAM 提案的通過，意味著氣候監管將首次正式納入全球貿易規則。除了歐盟，日本和英國等國家也在制定相關的碳稅政策。

面對全球永續趨勢進展，榮剛集團創辦人陳興時指出，歐美市場的減碳政策與規範已開始上路，這些動作將對以外銷為主的臺灣企業帶來嚴重影響。

過去臺灣企業對於減碳一事大多是行有餘力才為之，但現在減碳已上升至營運層面，碳排未達標的企業，有可能因此拿不到訂單。目前臺灣產業與政府雖逐漸有此認知，但仍未有具

歐盟碳邊境調整機制（CBAM）進程

主要涵蓋的產品項目包含鋼鐵、水泥、鋁、肥料、電力、氫氣。

2023.10

試行期間（歐盟進口商）

- 不需購買 CBAM 憑證
- 每季提交 CBAM 報告：填報產品進口的碳排數量情形（包括直接、間接碳排放量、原產國產品已付碳費情形等）

2026

2027

CBAM 正式運作

- 需要購買 CBAM 憑證（扣除原產國產品已繳納碳費及歐盟免費碳排配額）
- 進口產品正式申報 CBAM
- 歐盟免費碳排配額將逐年減少

2034

歐盟免費碳排配額歸零退場

- 預期未來碳價交易成本將會上升

資料來源 ：工研院淨零永續策略辦公室

體明確的產官配合措施，應該加速跟上國際腳步。

跟上國際碳排節奏，提升綠色競爭力

面對綠色貿易壁壘的形成，陳興時建議，工研院、產業與政府單位三方須制定目標與策略，盡快啟動合作。例如應爭取歐盟或國際認可臺灣官方出具的電力排碳或綠能憑證。

臺灣以外貿為主，待國際碳稅制度正式上路後，勢必會增加企業的外貿成本，所以臺灣憑證必須獲得國際肯定，才能幫助企業降低成本，否則即便企業再怎麼努力改善，也會因為國際不承認而需要繳碳關稅，對企業、對國家的影響都很大。

過去 20 年期間，工研院扮演政府智庫角色，提供政府充足資訊與專業建議，同時也協助業界建立相關概念。因此，在面對極端氣候變化和經濟快速轉變的挑戰，工研院需要積極協助政府應對氣候變化，找出臺灣在此變局的新定位。

對此，陳興時認為，工研院需負責的領域過多，凡事力分則弱，建議未來更聚焦特定領域，快速協助產業因應變局。

淨零排放，企業無法獨善其身

面對碳排壓力，許多大型企業正快速制定淨零計畫，並將目標公諸於世，極力提升自己的「綠色」競爭力，為未來做好準備。然而，關於淨零排放，企業無法「獨善其身」，相關供應鏈必須一起減碳，才能真正實現淨零目標。

工研院副總暨綠能與環境研究所所長王漢英指出，尤其是在國際供應鏈的範疇，氣候變遷的影響已然明顯。隨著國際供應鏈對碳排放成本的考慮日益深入，一些原本被視為「外在」的因素，已逐漸成為供應鏈的一部分。這個趨勢不僅對企業帶來壓力，也改變產品和服務的成本結構。

過去，企業主要聚焦降低成本和提升效率，環境因素往往未被考慮在內。然而，在全球達成將環境成本納入實際成本計算的共識後，即使某些國家未將此納入實際成本，或者有些國家未實行碳交易，但企業已普遍接受環境成本為成本的一部分。

王漢英也以歐洲的 CBAM 為例說明，雖然尚未正式實施，但已經對供應鏈帶來實際影響。歐洲一直是環保的領導者，因此，對於其他國家以不環保的方式生產，並以較低的成本銷售到歐洲的情況，歐洲計劃透過這種邊境稅來達到公平競爭。

同時，不少國際品牌和製造商，例如 NIKE，也要求供應商肩負起環境保護社會責任，這些公司不再只關注單純的利潤，ESG 表現也十分重視，對供應商提出更高的要求。

面對氣候變遷，商業策略的轉型已成必然，這不僅涉及企業獲利的模式，更關乎整個供應鏈。面臨這樣的轉型過程，企

淨零排放，已成為全球重要目標

多國政府承諾達成淨零排放目標，已有 151 個國家宣示淨零排放目標規劃，這些已宣示國家所涵蓋的全球影響力如下：

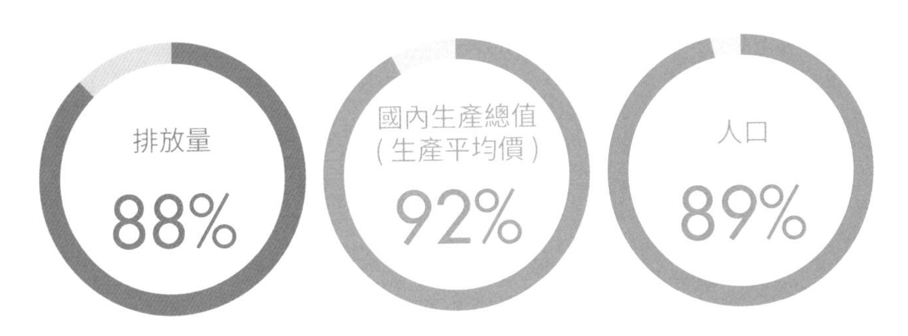

國際淨零宣示數目

國家	地區
151	157
城市	**公司**
261	985

資料來源：The Net Zero Tracker、工研院淨零永續策略辦公室，數據截至 2023 年 10 月。

業將會遇到許多挑戰，例如技術瓶頸、資金壓力，以及消費者認知等問題。

綠色轉型下的商機

然而，唯有面對和克服這些挑戰，企業才能抓住其中的商機，開創出一條新道路；如何在這種轉變中找到平衡，將是企業未來的主要課題，而協助產業，正是工研院的重要任務。

工研院必須持續結合產官學力量，以各種方式協助臺灣產業提升淨零排放能力，打破綠色貿易壁壘，進一步鞏固國際競爭力。胡竹生表示，因應臺灣產業面臨的永續挑戰，工研院的任務可分為資訊及資源兩方面。

在資訊方面，工研院協助企業了解相關議題，並找到適合的解決方案。由於每家企業的運作模式、經營情況、使用的原物料皆不同，必須一一釐清個別公司情況，找出最佳淨零途徑。

資源方面，工研院利用專業知識和技術研發，協助產業進行綠色轉型，包括開發和應用再生能源、提高能源效率、推動能源智慧管理等方面都需要持續努力。

工研院機械與機電系統研究所所長饒達仁表示，工研院不僅提供協助企業減碳的服務，還專注於智慧製造策略，包括透過智慧製造提高產品品質，以及藉由監控設備耗能，提前了解設備狀態，使機具運作時間更長、更有效率，進而達成省電目標。再進一步則是透過最佳化產線排程策略，實現產線減碳。整體來說，即是建構智慧綠色製造生態系，盡量減少產品的碳足跡。

展望未來，工研院將持續為企業提供各種實現淨零排放的方法，並且推動不同產業之間的協同合作，實現資源的跨領域利用，達到永續目標。（文／陳玉鳳）

精華摘要

■ 歐美地區的減碳政策已上路，以外銷為主的臺灣企業將帶來嚴重影響，工研院、產業與政府單位三方必須盡快制定策略並啟動合作，例如爭取歐盟或國際認可臺灣官方出具的電力排碳或綠能憑證等。

■ 因應臺灣產業面臨的永續挑戰，工研院的任務在資訊方面，須協助企業了解相關議題，並找到適合的解決方案；資源方面利用專業知識和技術研發，幫助產業綠色轉型，包括開發和應用再生能源、提高能源效率、推動能源智慧管理等。

開發綠電科技

開發可再生能源，
是實現永續的方向之一，
同步執行節能政策，為地球降溫。

在科技進步帶來便利生活的同時，我們必須面對一個關鍵難題，亦即如何在舒適生活與永續環境的壓力之間取得平衡。例如在許多先進科技中，人工智慧（AI, Artificial Intelligence）就是高耗能的代表性技術之一，電用得越多，碳排愈高，想要扭轉此局面，唯有使用碳排較少的綠電。

然而，目前企業低碳轉型的最大挑戰，包括綠電的供應來源，加速再生能源開發是重要解方之一。節能也同樣重要，臺灣必須善用科技，提高能源使用與管理效率，例如運用更高效率及數位化技術，包括自動化控制、樓宇自動化，以實現系統化節能。此外，採用能源效率更高的馬達、變壓器等，也有助於節能。

台達電子董事長海英俊認為，與企業相比，工研院能達成「業界做不到的事情」，具有更全面的視野與多元的專業知識，能在快速變動的經濟與環境中，用系統性的思維來處理問題，並且運用科技協助企業實現淨零排放。

電池與儲能技術

無論現在或未來，實現永續環境的策略包括：多元化能源供應、發展能源儲存技術、提升能源效率，以及政府提供支持和鼓勵措施，並且促進國際合作等。事實上，在全球趨向綠色經濟的浪潮中，工研院已經投入大量資源，協助臺灣產業邁向淨零排放，包括與再生能源相關的創新科技，例如太陽能、風電等，有助於提高再生能源的利用效率。

工研院也積極開發二氧化碳捕獲及封存（CCS, Carbon Capture and Storage）技術，從工業排放中捕獲二氧化碳，將其封存或重新利用，能大幅降低對大氣的碳排放，以減緩全球暖化。

電池與儲能技術，亦是工研院另一研發重點，目標是創造出更高效、使用壽命更長的電池技術，以支援可再生能源的儲存與穩定供應，例如研發氫能儲存，就是工研院的重要方向。

另外，工研院也著重於新的節能技術，以及能源管理系統的開發，並且積極連結產業鏈各個環節建立合作模式，推動循環經濟於各種產業的應用和實踐。工研院副總暨綠能與環境研究所所長王漢英強調，工研院的使命始終如一，就是透過科技創新，應對氣候變遷與環境挑戰，根據科技發展的最新動態與市場需求，持續調整研發方向，以科技研發來帶動產業發展。

降低電力碳排係數，優化分散式電網

對於各項淨零排放的積極作為，亞力電機集團總裁楊振通認為，降低電力的碳排放係數，是減碳工作的首要任務。

臺灣製造業相當發達，是用電及碳排大戶，只要能降低電力的碳排放係數，就能創造顯著的減碳成效。根據《2021 年國家溫室氣體報告》的數據，製造業的碳排中，有 64%來自用電。

楊振通也針對臺灣與全球各國的碳排放係數進行了比較，在過去的 10 年間，臺灣的碳排放係數幾乎沒有明顯改變，約在 0.5 公斤上下，也就是每發 1 度電要排放 0.5 公斤二氧化碳，而在先進國家，如英國 0.187 公斤、法國 0.054 公斤，碳排放係數卻相當低。

臺灣的碳排放係數位居全球末段班，這是必須面對並努力改變的現實。降低電力碳排放係數的最直接途徑，就是開發綠色能源，因為電力的碳排係數不降下來，無論企業再怎麼努力減少用電量，只要乘上碳排係數，排碳量就非常高。

隨著2025年再生能源發電量占比達20%的目標逼近，我國政府近年積極建置再生能源。不過，臺灣發展再生能源，首先要克服的挑戰在於，國土面積小，總發電量勢必有限。太陽能光電場每公頃可發電1兆瓦，但大量發展可能遭遇土地資源短缺的問題；風力發電具有很大的潛力，但陸上風力發電已達到飽和狀態，因此要往離岸風電發展。

第二個挑戰，來自於分散式電力規劃，如何在用電人口與發電地區之間有效地傳輸能源，是重大考驗。可以發綠電的地方多在中南部鄉下空曠處，但用電人口多集中在北部，如何做好分散式電網的規劃，減少輸配電過程中的無謂損耗，成為相當重要的關鍵。

以臺灣目前的電力規劃來看，高雄興達電廠供應南科電力、苗栗通霄電廠負責中科用電，而桃園大潭電廠肩負北部科學園區、各工業區及北北基桃近1,000萬人用電需求。

榮剛集團創辦人陳興時指出，輸配電高損耗率的原因在於材料端，必須開發新材料，才能降低電力傳輸損耗。在1970年代工研院成立之初，台電即提供資金供工研院投入相關領域研

> 「臺灣製造業發達，是用電及碳排大戶，
> 只要能降低電力的碳排放係數，
> 就能創造顯著的減碳成效。」

發，他認為工研院須思考業者做不到的事情，以補臺灣產業的不足。

開發重要新綠能

地熱發電，是臺灣開發再生能源的另一選擇。

臺灣位處太平洋地震帶，豐富的火山資源，為地熱能源的開發帶來天然優勢，美國商會《2023 臺灣白皮書》便建言我國政府應將地熱發電，視為綠能的解決方案之一。

地熱與太陽光電、風力發電等「靠天吃飯」的再生能源不同，儲存於地層的熱能，不但具有穩定供電的特性，更無須搭配儲能設備，相當適合做為基載電力使用。

看好地熱潛力，工研院在此領域已持續耕耘多年，且陸續繳出成果。

工研院設有國內唯一獲得財團法人全國認證基金會 TAF 認證的地熱產能測試遊測實驗室，可提供準確地層特性及流體參

數評估數據，已協助多家地熱開發業者完成地熱井產能評估。目前臺灣東部規劃開發中的案場約有 42MW（百萬瓦），足可供應 10 萬戶家庭全年供電。

此外，在淨零排放浪潮下，氫能亦被視為達成永續環境的重要方法。氫能分為灰氫、藍氫、綠氫，其中碳排最低者，為利用再生能源進行電解水製得的綠氫，但是生產成本極高，每公斤達 3 至 7.5 美元。

楊振通指出，根據美國研究，綠氫成本降為每公斤 1 美元，才有競爭力，導致使用綠氫做為主要工業原料與燃料來源，仍有許多門檻需要克服。

推動碳捕集與封存，加速規模化

碳捕集與封存，又稱為碳封存或碳蒐集及儲存，是指蒐集汙染產生的二氧化碳，將它們運輸至儲存地點並長期與空氣隔離的技術過程。因此，除了開發潔淨能源之外，各種碳捕集與封存技術，也能大幅減少二氧化碳對於氣候暖化的衝擊。

不過，就如同開發再生能源一樣，首先需要克服經濟規模的問題。對此，王漢英指出，工研院的碳捕集與封存研究已有一定基礎，然而，如何有效地將相關技術商業化，並落實於全臺灣，需要政府政策推動以及資金支援，而且也需要公眾的了解與支持。

其次，他認為要推動碳捕集與封存設施的大規模建置，必須與社區溝通，聽取當地居民的意見，確保這類技術不會對社區或生態造成嚴重影響，避免引起居民反對。若能成功推動這些技術，其潛力將不僅僅在於減少碳排放，還有可能刺激地方經濟、創造就業機會，尤其能吸引年輕人回到家鄉投入相關工作。

提高能源效率，強化節能效益

談到淨零排放，許多討論多聚焦於綠電開發，但楊振通認為，也應重視能源效率的提升。

他以林口燃煤發電廠為例，幾年前投入新臺幣 1,000 多億元，引進了高效率且低汙染的「超超臨界」燃煤機組。這項改進使得發電效率由 38%提高到 44.93%，每度電的用煤量由 0.41 公斤減少到 0.366 公斤，約減少 16%，包含二氧化碳在內的溫室氣體排放量，由每度電 0.975 公斤降到 0.789 公斤，降幅約 19%。

另外，半導體製程也是一個例證，隨著先進製程的應用，能耗大幅降低，楊振通說明，半導體的能源效率每 2 年可以提升 1 倍，因此 5 奈米製程的能耗大約只有 28 奈米製程的 7%。

工研院的報告也指出，機械設備提高效率後的減碳成效相當顯著，若將馬達改成由 IE2 → IE4 或用變頻馬達，能節省的用電量，可能相當於一個核能電廠的發電量。若更多地方採用低耗能設備，例如將變壓器改成低鐵損機種、將照明設施更換為 LED 燈等，都可有效降低耗電。

科學證實氣候變遷造成的影響已相當緊急，2050 淨零轉型是全世界的目標，也是臺灣實踐重點，透過上述提到的能源轉型、提高能源效率、開發碳捕集與封存技術等方法，淨零排放目標並非遙不可及。（文／陳玉鳳）

精華摘要

- 工研院積極開發二氧化碳捕獲及封存技術，從工業排放中捕獲二氧化碳，將其封存或重新利用，大幅降低對大氣的碳排放，減緩全球暖化。
- 電池與儲能技術，是工研院另一研發重點，創造更高效、使用壽命更長的電池技術，支援可再生能源的儲存與穩定供應，例如研發氫能儲存。
- 臺灣再生能源多為分散式電力規劃，如何在用電人口與發電地區之間有效地傳輸能源，是重大考驗。同時，輸配電高損耗率的原因在於材料端，必須開發新材料，才能降低電力傳輸損耗。
- 除了加速再生能源開發，節能也同樣重要，臺灣必須善用科技，提高能源使用與管理效率，例如自動化控制、樓宇自動化等，實現系統化節能。

企業低碳轉型的挑戰

產業要朝向減碳目標，
除了政府政策的支持，還需要大型企業的協助，
引導供應鏈夥伴達到低碳要求。

面對全球暖化，如何證明自身企業為低碳或零碳，成為眾多供應商的燃眉之急。不符合這些要求，不僅可能導致在國際供應鏈中地位不保，甚至被大型品牌廠商直接移出供應鏈。

企業身處於低碳轉型之時，可能會遇到許多技術上、管理上以及策略上的挑戰，因此，必須先了解並充分利用既有資源，確定適合的低碳轉型路徑。

談到中小企業的低碳轉型困境，工研院副總暨綠能與環境研究所所長王漢英提出，臺灣大型企業對於低碳轉型，已展現出相當的警覺性，然而，中小企業多因為技術和資金的限制，對低碳轉型持觀望態度。

政府領頭制定減碳策略

低碳轉型牽涉的範圍既廣又複雜，僅憑企業的努力並不足夠，因此，政府的角色非常重要。

對此，台達電子董事長海英俊認為，政府可提供資金和政策支持，透過獎勵機制、補貼措施及建立相應的政策架構，鼓勵中小企業投入節能減碳領域，並提供技術培訓和諮詢服務，有助於推動中小企業的低碳轉型和永續發展。

榮剛集團創辦人陳興時亦表示，政府必須適時介入，提供產業必要協助。他也指出，當領導者變動或政策受政治力量影響時，發展方向有可能因此改變，產生政策不延續的風險，產業的投入意願將受到影響。因此，相關部會必須保留過去的經驗，並堅持政策的持續性，不要輕易改變，甚至放棄。

他同時建議，工研院須以更大力度支持企業實現低碳轉型，因為唯有從企業、產業角度思考，才能真正解決低碳轉型問題。

在大型企業的供應鏈中，中小企業扮演著重要角色，然而，許多中小企業連自身的碳排放量都無法確定，遑論制定有效的減碳策略。

中小企業面臨的減碳難題

亞力電機集團總裁楊振通發現，關於碳排放，金管會僅針對大企業有所規範，但中小企業不在範圍內，既然不被要求，許多中小企業就不會將碳盤查列為公司經營優先項目。

碳盤查，是一種追蹤從營運到產品生產過程中，產生碳足跡的方式，便於優化營運和製程，以減少碳排放。

金管會在 2023 年 3 月公告實施「上市櫃公司永續發展路徑圖」，要求自 2023 年開始，118 家資本額超過百億的上市櫃公司和 45 家鋼鐵、水泥業者，必須在年報中透露自身的碳盤查結果，同時也規定所有上市櫃公司須於 2027 年前完成碳盤查。

但是即使有心，中小企業也沒有能力進行全面碳盤查，所以許多臺灣中小企業根本不知道自家公司的排碳量，對產品從原料到製造過程的碳排放量，明顯了解不足，最多也只是針對產品的一部分進行碳排放量評估。

因此，楊振通認為政府輔導中小企業的第一步，應提供必要的資金與技術，鼓勵企業進行碳盤查。

在碳盤查方面，工研院被寄予厚望。楊振通建議，透過加強碳盤查的相關技術與服務能力，工研院可以提供更多樣化、更專業的協助，帶領臺灣的中小企業面對減碳的挑戰。

建構永續碳管理平台

事實上，工研院推出的「永續碳管理平台」，大幅減輕企業的碳盤查負擔，對於企業走向綠色永續發展，提供莫大助益。

「永續碳管理平台」根據 ISO 碳盤查和碳足跡程序設計，使用者可依據自身產業別找到適用的資料，並且提供中小企業上網註冊，可簡易計算其產品碳足跡與組織溫室氣體排放狀況。

此外，平台不只能進行碳盤查，還能針對碳排熱點，給出原料替換建議，提供簡單的分析和比較，以估計在相同投入下，更換某項原料後能減少的碳排量。

目前，「永續碳管理平台」擁有超過 12,000 筆本土碳係數資料，涵蓋電子、石化、鋼鐵、造紙、紡織等近 20 種產業類別，吸引近 1,000 位會員，其中 7 成是企業，多數為中小企業。

未來臺灣若能有更多的碳盤查機構，推動臺灣的碳盤查、碳查證、碳稅（費）等機制，並與國際接軌，獲得國際認證，將能減少臺灣取得相關證明所耗費的成本和時間。

除了政府及法人機構外，王漢英強調，大型企業也必須發揮「以大帶小」的領導角色，也就是大型企業為供應鏈內的中小企業提供相對應的培訓、專業知識及資金支持，確保供應鏈中的所有企業都能夠遵守減碳要求。

大型企業示範淨零目標

事實上，臺灣許多大型企業已開始展開供應鏈輔導計畫。例如聯華電子已啟動「供應鏈碳盤查輔導計畫」，預計投入近新臺幣 1 億元，無償提供減碳資源與工具給輔導對象，協助供應商建立碳盤查能力，預計至 2030 年可完成 500 家供應商碳盤查輔導作業。

台達電子也已針對供應鏈夥伴提供許多協助，包括供低碳轉型所需的工具、平台、以及教育訓練和課程等。對此，海英俊表示，透過分級要求的方式，從一級供應商開始，逐步推廣至整個供應鏈，以確保每一環節都能達到環保要求，不願意配合或無法達到要求的供應商，則可能會被取代。

為了擴大協助臺灣中小企業，台達電子更進一步在臺北市電腦公會的支持下，與 7 家 ICT 產業領導企業共同成立「臺灣氣候聯盟」。聯盟成立的目標，是希望透過結合產業的力量，能協助供應鏈及中小企業，更好地因應碳盤查等議題。

同時，「臺灣氣候聯盟」的成立，也象徵著臺灣企業對於氣候議題的認真態度以及積極應對，聯盟現已與清華大學合作開班授課，接下來也規劃與工研院展開合作。

相較於中小企業，做為產業領導者的大型企業多已積極實現淨零排放。以臺灣兩大半導體企業——台積電與聯電為例，皆已承諾參與 RE100 全球再生能源倡議，並確定達成 2050 年淨零排放的目標。

台積電在 2020 年已設立專責的淨零排放專案，並組建由相關部門參與的工作組，對於達成淨零排放的目標，進行詳細規劃和討論，除了持續強化各種綠色創新措施，也積極使用再生能源。

台積電設定的短期目標是 2025 年排放量零成長，並在 2030 年將排放量降低到 2020 年的水準，2050 年達成淨零排放。

聯電預計 2050 年達成 100%採用再生能源，並於 2025 年及 2030 年分別達成 15%及 30%的階段性目標。聯電已獲得包含美商應材（Applied Materials）、東京威力（TEL）及美日先進光罩（PDMC）在內，逾 500 家供應商響應一同支持低碳能源，預期整體供應鏈於 2030 年減碳 20%、再生能源採用比例達 20%，共同打造低碳永續供應鏈。

台達電子也是淨零排放的企業典範，推動內部事業群徵收碳費的成效良好，自 2022 年起，自行對內部徵收每噸 300 美元的碳費，無論是工廠或是辦公室，每個單位皆須根據自身產生的碳量支付費用。

總計 2022 年一整年收取達 1.19 億美元，台達電子將這筆資

> “政府應協助成立更多的碳查證機構，
> 推動臺灣的碳盤查、碳查證、碳稅等機制，
> 並與國際接軌，獲得國際認證。”

金投入各種節能減碳專案，光是 2022 年市場別的碳排放量，即比 2021 年減少了 13.5%。若僅從內部推動節能和再生電力自發自用的減碳成效對應計算，2022 年台達電子更立下營收成長與碳排放量首次脫鉤的里程碑，地域別的碳排減量達到 16.2%。

施行以費制量的成果

海英俊指出，實施「以費制量」策略，是降低碳排放的一種方式。這項政策帶來許多好處，像是能源密集型的產品需要支付更高的碳費，這讓相關的製造部門，更加注重節能減碳的技術和方法，以減少碳排放，並降低碳費的支出。

台達電子內部徵收的碳費，除了用於改善工廠設備以達到節能減碳之外，也投入開發新的減碳技術，包括碳捕捉、綠氫等，以加速實現 RE100 目標。2021 年，台達電子宣布加入 RE100，承諾全球所有據點將於 2030 年達成 100%使用再生電力，及碳中和的總目標。在臺灣高科技製造業中，台達電子為

首家承諾於 2030 年達到 RE100 目標的企業。

海英俊也強調，這項政策的推動並非一蹴可幾，而是經過一段時間的討論與調整後，在公司內部形成共識。在決定碳費金額時，也積極參考聯合國等組織的相關報告，與外部專家和顧問進行多次諮詢與討論。

台達電子的內部碳費政策，展現出節能減碳的新思維，也為其他企業提供一個具有借鏡意義的案例。透過大型企業、中小企業、政府及工研院等法人機構的協力，臺灣產業持續為低碳轉型做準備，以維持國際競爭力。（文／陳玉鳳）

精華摘要

- 工研院推出「永續碳管理平台」，供中小企業上網註冊，可簡易計算其產品碳足跡與組織溫室氣體排放狀況，減輕企業的碳盤查負擔。
- 大型企業必須發揮「以大帶小」的領導角色，為供應鏈內的中小企業提供培訓、專業知識及資金支持，確保供應鏈內的所有企業都能遵守減碳要求。
- 臺灣氣候聯盟將結合產業的力量，協助供應鏈及中小企業，更好地因應碳盤查等議題。

實踐永續教育

推動永續觀念進而實踐，
必須從小開始扎根，成為教育必修課，
才能落實於日常生活。

氣候變遷所導致的災難發生率愈來愈頻繁，洪水、乾旱、森林火災等，造成人命及經濟的龐大損失，這些新聞幾乎已成日常，顯然淨零排放救地球，已是刻不容緩之事。實現淨零排放的最重要關鍵，在於改變大眾的認知和行為。

產品與服務公開碳足跡

該如何改變民眾的認知？工研院副總暨綠能與環境研究所

所長王漢英指出，將碳排放數據、碳足跡公開化，例如每張高鐵票券背後，皆已列出碳排放數據，如此讓民眾明確知道日常生活的每項行為、每個選擇，都可能產生相應的碳排放，會對環境造成影響。

然而，僅僅提供碳排放資訊還不夠，企業及政府必須進一步創造環境及提供機會，讓民眾可以感受到環保行動帶來的好處，以此來促使他們改變行為。例如企業須公開產品的碳排放量，推出環保產品和服務；政府則可以制定相應的政策，鼓勵企業和公眾採取環保措施，像是提供環保補助金、實行碳交易制度等。

永續意識向下扎根

教育和宣傳，亦是改變大眾認知的重要方法。透過學校教育和媒體的廣泛宣傳，能夠提升大眾對於環境保護的認知，使他們了解為何改變行為模式是必要的。

亞力電機集團總裁楊振通非常認同環保教育要向下扎根，要推動全民教育，從小學就應該開始了解碳排放議題，讓每個人都能掌握自身排碳量，才能在行動上落實減碳。

例如使用 ChatGPT 問答、收發電子郵件、瀏覽社群軟體需要耗電多少？以及傳統燈泡與 LED 燈泡的耗電差距等，這些問題意識必須及早透過教育植入大眾腦海中，才能促成個人的節能減碳行動。

又以食物浪費為例，大量食物被直接丟棄，不僅需要耗費資源處理，之前製造食物所產生的碳排也變得毫無意義。若能讓大眾更了解浪費食物的連鎖影響，在點餐及用餐時會更加謹慎。

楊振通非常憂心臺灣年輕一代對國際趨勢的關注度不足，因為近年來世界飛快變化，多數年輕人沒有相關認知，長此以往，臺灣將在未來世界逐漸被邊緣化。年輕人應積極了解整個生活、企業、產業、環境、國家以及世界的變化，其中包括節能減碳的國際趨勢，如果對這些變化無知及無感，當然就不會採取任何行動。

台達電子董事長海英俊亦強調，公司及學校必須幫助普及減碳觀念。他以台達電子公司餐廳為例，已不提供牛肉等高碳食物，希望透過類似措施，提高同仁對碳排放議題的認識和重視。

總結而言，永續和碳排放，是相當複雜的問題，需要政府及整個社會共同努力， 政府提供明確的方向和政策持續性；產官學研持續投入綠電科技開發；企業徹底執行低碳轉型，以及社會大眾應接受相關永續教育，致力改變生活方式，減少浪費，循環利用資源。唯有透過各方的合作和努力，始能實現環境永續。

在臺灣邁向永續的道路上，工研院扮演智庫角色，協助產業邁向淨零。工研院執行副總暨副院長胡竹生表示，隨著法規和產業環境的變遷，企業目前面臨種種淨零排放的挑戰，包括碳排放標準尚未確定，未來仍有變動的可能；以及企業必須承擔淨零排放的成本支出，例如製程改善及培養相關人才等。

為了進一步協助業界，工研院於 2021 年成立淨零永續策略辦公室，身兼辦公室主任的胡竹生表示，希望透過淨零技術開發以及相關服務，包括碳排放技術整合、建立碳減商業模式、碳權交易輔導、提供永續碳管理平台及淨零綠色金融服務等，協助業界與全球的淨零趨勢保持同步。另外也希望能與業界合作將碳排放轉化為有價值的產品，開拓新的市場商機，證明淨零不只是成本支出，也是一門好生意。（文／陳玉鳳）

精華摘要

■ 政府與企業須創造環境及提供機會，讓民眾可以感受環保行動帶來的好處，以此促使其從日常生活改變行為。

■ 環保意識須向下扎根，推動全民教育，從小學開始了解碳排放議題，讓每個人都能掌握自身排碳量，從生活落實減碳。

5

第五章

韌性社會

RESILIENT SOCIETY

人類遭受環境、經濟等災害時，必須擁有應對與迅速重建的能力，是全球須重視與落實的議題。本章從「面對時代變局，建構韌性社會」、「打造韌性產業」、「推動韌性社會轉型」3 項重點，提出強化社會韌性的實踐方向。

面對時代變局，建構韌性社會

遭受災難後，能迅速重建與恢復的能力，
已成為每座城市甚至每個國家的挑戰，
必須建構穩固基礎建設與預防準備，控管風險。

「韌性」這個詞，原本是用來描述物體受力後，恢復原狀的能力，也可引申為人們在挫折後的恢復力。1973 年，加拿大知名生態學者克勞福德·霍林（C. S. Holling），首次將「韌性」這個概念應用於自然生態系統，當受到自然或人為干擾後，是否能成功抵禦干擾或迅速自我修復。

同樣的，這個觀念也可以運用於社會層面，強調人類社會在受到干擾後的重建過程和演變，例如全球新冠肺炎疫情的發生，正是對人類社會韌性的一次檢驗。災難過後，我們的社會將迅速恢復，還是留下無法彌補的創傷？最關鍵的問題在於，如何塑造韌性社會，以更有效對抗不可避免的重大挑戰。

供應鏈重新布局，著重「全球在地化」

隨著全球經濟格局的變動，臺灣企業正面臨來自地緣政治和產業轉型的雙重挑戰。為了因應這一變局，企業正紛紛著手建立更具韌性的供應鏈。

尤其是美中貿易戰後，歐美企業紛紛加速「去中國化」，追求更接近客戶和市場的策略，連帶影響臺灣企業的供應鏈布局。對此，中美矽晶製品、朋程科技董事長盧明光表示，未來的布局需著重「全球在地化」發展，例如於歐美或東南亞設立製造基地，並在歐美主導先進產品或製程研發，中國則以傳統產品或製程為主。這樣的多元布局將有助於企業應對地緣政治變動，維持市場競爭力。

此外，盧明光強調，我們必須持續思考如何讓供應鏈更具彈性，更能因應突發事件和變動需求，方法之一就是加速數據分析、智慧及數位科技的導入。

榮剛集團創辦人陳興時則指出，臺灣的半導體和資訊產業已展現出色產業韌性，其他傳統工業也要盡快跟上，而工研院向來是臺灣產業解決問題的最佳助力，未來仍需扮演此角色，協助產業應對挑戰。

韌性社會涉及的領域相當多元，工研院根據臺灣的現況及需求，認為社會韌性的提升，應著重於 3 大層面，除了生產力韌性之外，還有基礎設施韌性、資源能源韌性。

維護基礎建設運作，鞏固社會基石

在這個迅速變遷的時代，基礎建設的範疇早已不僅是傳統的道路、橋梁、大廈等實體建設，而是延伸至通訊和網路等科技設施，工研院執行副總暨副院長胡竹生表示，當面臨各種天災人禍時，堅實的基礎建設會成為社會重要的防護屏障，必須善用創新科技和智慧化解決方案，打造出更強大、更能夠因應突發情況的基礎設施。

例如運用無人機科技進行基礎建設的檢視、監測和修補，不僅提升了維修效率，更能提高精確度。無人機的使用沒有地理限制、巡檢快速，且多角度的巡檢能力可以捕捉細微的部分，及時發現潛在的外部破壞，憑藉這些優點，近年來，無人機已經廣泛被應用於基礎設施巡檢。

以電網為例，由於地理空間跨度大，交通不便，電網線路巡檢需要消耗大量人力與時間，且巡檢人員在地面巡視角度受限，可能出現遺漏，使用無人機技術能減少這些問題。此外，

> “我們必須持續思考如何讓供應鏈更具彈性，
> 更能因應突發事件和變動需求，
> 方法之一是加速數據分析、智慧及數位科技的導入。”

資料分析的運用，能協助預測何時需要對基礎建設進行更換或修繕。藉由無人機和資料分析的結合，能大幅提高基礎建設監測及維修的效率。

分散式電網，降低區域用電風險

2022 年 3 月發生的全臺大停電事件，使得國人較以往更重視因脆弱電網所帶來的風險，強化韌性勢在必行。對現代社會而言，韌性電網不只是提供穩定的電力供應，更能在災害或突發事件中，保證持續供電，減少中斷風險。

胡竹生強調，臺灣必須加速導入創新的能源解決方案，包括智慧電網、分散式電網等，以進一步提高電網效率、維護電力供應的可靠和穩定，確保整體電力系統安全。

在分散式電網的架構下，電網朝區域化、小型化發展，以降低整個區域的風險。區域小型電網本身配備發電或儲能設施，因此當主電網遭遇困難無法供電時，小型電網可以獨立運行一

面對風險時，韌性社會的效益

當遭受風險事件與災害，在有預防準備（藍色曲線）情況下，可藉由預先規劃的減災、應變與復原手段，達到減災目的，並在短時間內恢復甚至超越原有營運水準。但沒有預防準備（橘色曲線）情況時，需要經歷更長的應變時間，才能逐步達到原先水準。

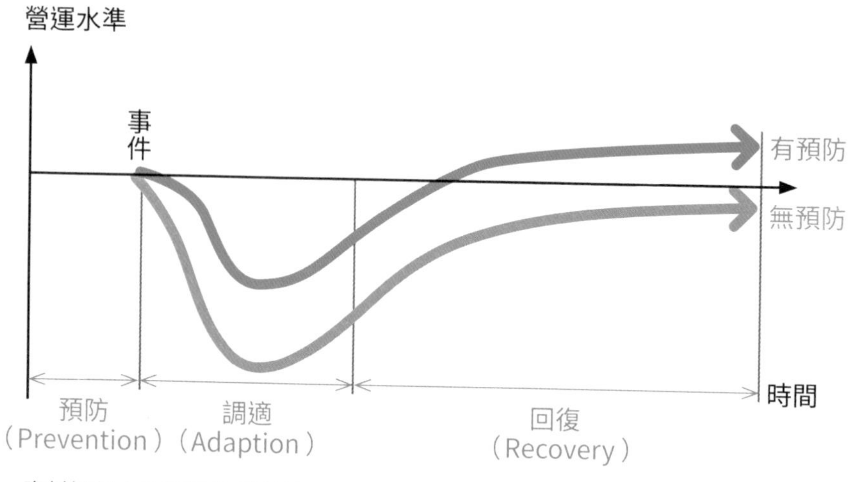

資料提供：工研院產業科技國際策略發展所

段時間，直到主電力供應恢復正常。

此外，虛擬電廠也是強化電網韌性的方法之一。虛擬電廠是一套匯集多種類型的電源，能夠在短時間內提供尖峰負載電力，具備高效率及高靈活度，並能以「削峰填谷」的方式調整用電負荷，使發電、用電趨於平衡，緩解電力供需失衡的狀況。

胡竹生認為現在該問的問題，不是「是否需要引入科技？」而是「如何引入科技？」，畢竟對於現代社會而言，大規模停電是不可承受之重。

關於電網穩定性，工研院副總暨綠能與環境研究所所長王漢英提醒，如何配置與管理再生能源的電力，是未來穩定電力的關鍵。臺灣在再生能源占比，以太陽能光電與風電的量體最大，然而這兩種都受限於季節與天候，呈現間歇供電的特性。

他建議，太陽光電的轉型方向可由提升電池效率、開發高效率模組，及擴大多元應用著手。風力發電則是先示範獎勵、次潛力場址、後區塊開放等按步就班。王漢英強調，儘管初期地熱能貢獻的能源總量不多，但它相較太陽光電及風力發電的間歇性，具有穩定發電的優點，對於電力供應將有所助益。

回顧過去 10 年間臺灣經歷的各種災難，對國家社會、產業經濟及個人生活造成深遠影響，臺灣社會的韌性必須快速強化，始能因應未來的挑戰，確保民眾安居樂業，國家社會能長治久安。（文／陳玉鳳）

精華摘要

■ 基礎建設的範疇已延伸至通訊和網路等科技設施，當面臨天災人禍，堅實基礎建設會成為社會重要的防護屏障，須善用創新科技和智慧化方案，打造更能因應突發情況的設施。

■ 建構韌性電網不只是提供穩定電力，在應對災害或突發事件時，能持續供電，臺灣必須加速導入能源解決方案，包括智慧電網、分散式電網、虛擬電廠等，提高電網效率、電力安全與穩定。

■ 臺灣企業面臨來自地緣政治和產業轉型的雙重挑戰。未來布局需著重「全球在地化」，加速數據分析、智慧及數位科技的導入，讓供應鏈更具彈性，能及時因應突發事件與變動。

打造韌性產業

**企業須事先考量供應鏈各個節點的韌性，
當受到國際情勢衝擊時，
能迅速靈活應變，確保長期發展。**

產業是國家經濟成長的重要驅動力，透過生產和銷售商品與服務，產業可以增加國內生產毛額（GDP, Gross Domestic Product），創造就業機會，進而促進整體經濟發展。

優良產業是國家社會繁榮穩定、人民生活改善的重要基石，偏偏在這個挑戰接踵而來的年代，產業起落受到許多因素影響，提升產業應對變化的韌性，成為國泰民安的前提。

韌性產業是指在面對經濟困難或其他挑戰時，能夠持續運營並保持穩定的產業。這些產業的特性包括高度的彈性、適應力和恢復力，能夠在困難時期保持經濟活動，甚至有可能在危機中，找到新的成長機會。

聚焦科技創新

要建立產業韌性，重要手段之一是與時俱進的科技創新，以降低被時代淘汰的風險。

中美矽晶製品、朋程科技榮譽董事長盧明光表示，臺灣科技製造業在全球擁有相當高的市占率，但如果不能掌握科技趨勢，可能會影響未來的成長空間。

他以自己創辦的車用半導體大廠朋程科技為例，原本在燃油車的市場占有率達到 5 成，隨著燃油車市場逐漸下滑，朋程積極布局油電車用的 48V 整流器，市場占有率已達到 10%。

因此，面對時代的變化，盧明光提醒企業須迅速轉型，同時保持堅實的財務基礎和靈活應對變化的能力，如此才能避免業績下滑，並確保企業的長期發展。

關於如何制定適合各種產業的韌性政策，榮剛集團創辦人陳興時建議，剛開始無法立即針對每個產業制定最適化的架構，因此，可以尋找不同產業之間的共通點，並針對這些共通需求制定政策。共通需求包括強化企業的營運彈性、建立穩定的供應鏈、提升組織的應變能力等。

另外，他也指出，產業韌性的建立應涵蓋兩項政策：長期政策及執行政策。

兼顧長期與執行政策，建立產業韌性

長期政策，是指針對整個產業或企業的長期發展和競爭優勢而制定的政策，應該考慮未來可能出現的變化和挑戰，並制定相應的策略，這包括創新和研發投資、培養人才、開發新的市場和產品等。

至於執行政策，則是指針對日常運營和管理而制定的政策，目標是確保組織在面對不確定性和變化時，能夠做出迅速而有效的因應。

陳興時同時強調，須全面考量供應鏈的韌性，當企業處於供應鏈中的某一環節時，其韌性將直接影響整個供應鏈的穩定性與彈性。

因此，政策制定者需要考慮供應鏈的各個環節，以確保每個節點都具有足夠韌性，能在需要時，快速調整和應對變化。

針對產業韌性的建立，工研院副總暨綠能與環境研究所所長王漢英特別指出，綠色電力的供應狀態，也將影響企業面對競爭變局的能力。

他進一步闡釋，隨著極端氣候不斷加劇，多國設定了 2050

年達到淨零排放的目標，特別是在歐美的碳邊境調整機制（CBAM），和國際綠色供應鏈 RE100 的要求下，淨零轉型已經成為產業競爭的致勝關鍵之一。

加速數位轉型，防範資安威脅

在競爭日趨激烈，許多產業積極推動數位轉型以因應挑戰。透過數位轉型，企業可以將許多傳統需要人工進行的流程改為自動化，能夠節省時間和人力成本，進一步提高工作效率和生產力。

此外，數位化使企業有能力快速嘗試新的商業模式和產品，並且能夠基於數據做出更好的決策，且數位轉型還可以幫助企業更好地管理風險，例如透過數據分析預測市場變化，或是透過雲端備份，保護企業資訊免於丟失。

數位轉型是現代企業提升競爭力、追求持續成長的重要策略，不過，數位轉型也會面臨挑戰，包括如何選擇適合的科技工具、如何培養數位技能，以及如何保護資料安全。

盧明光身處在半導體產業，聽聞許多同業因為資安漏洞而付出慘痛代價，因此，特別提醒企業須強化資安。

隨著科技的不斷發展，網路攻擊的手法也日新月異，未來的資安攻擊事件只會愈來愈多，企業除了要建立堅固的資安防

> 要建立產業韌性，
> 方法之一是與時俱進的科技創新，
> 以降低被時代淘汰的風險。

禦機制、抵擋層出不窮的資安攻擊，還需要確保完善的事後處理流程和反應能力，才能在資安事件發生後立即應變，將可能的損失降至最低。

對於現代社會而言，人工智慧的突飛猛進，也帶來了許多問題，甚至是威脅。

工研院資深副總暨協理蘇孟宗表示，人工智慧展現了許多可能性，然而，AI 的快速發展也將引發新的法律和倫理問題，需要妥善處理，以確保發展符合社會的價值觀和利益。

例如利用 AI 生成擁有真實人物面貌和聲音的虛擬角色，進而被用於詐騙或散播假新聞，這對於社會信任機制是很大的傷害，若此現象蔓延，將造成社會的動盪不安。

他認為，為了確保 AI 及資訊相關技術的可信賴性與透明度，相關的認證單位和檢測機制，將會成為未來的趨勢。

這些機制不僅限於政府部門，也有可能由委託的法人或公認的機構執行，以維護公眾的權益和安全。蘇孟宗也特別強調，區塊鏈技術做為一種保障數據交易和驗證的手段，在 AI 時代的應用潛力受到看好。

借助科技補足生產力

許多產業面臨的另一個挑戰，是勞動生產力缺乏，眼見少子化無法逆轉，缺才缺工問題勢必愈來愈嚴重。許多國家鼓勵生育未見成效，因此透過科技找到解決之道，成為必然方向。

人機協作，以及開發取代人力的機器人等，都是運用科技補足勞動力的方法。例如透過機器手臂與自駕車技術的結合，可以開發出客製化的移動機器人，協助人們在特定場域的工作。另一例子是將 AI 機器人運用於醫療照護等領域，滿足超高齡社會的需求。

不過，蘇孟宗特別提醒，不同國家和文化，對於機器人和 AI 的應用有著不同的看法，有些國家傾向於接受機器人的協助，而有些則保守得多。因此，在應用 AI 和機器人技術時，需要充分考慮當地的文化和社會因素，以確保這些先進技術能被接受及應用。

總結來看，韌性社會的涵蓋範圍極廣，需要政府、產業及民眾在各自位置上發揮作用，始能打造一個能迅速應變各種意外及危機，且能在災害後迅速恢復如常的社會。（文／陳玉鳳）

精華摘要

■ 韌性產業的特性包括高度的彈性、適應力和恢復力，能在困難時期保持經濟活動，甚至有可能在危機中，找到新的成長機會。

■ 企業須迅速轉型，同時保持堅實的財務基礎和靈活應對變化的能力，以避免業績下滑並確保長期發展。

■ 建立產業韌性應涵蓋兩項政策：長期政策及執行政策。長期政策須考慮未來可能出現的變化與挑戰，並制定相應策略；執行政策是針對日常運營和管理而制定的政策，目標是確保組織在面對不確定性和變化時，做出迅速有效的應對。

■ 透過數位轉型，企業可將原本須以人工進行的流程改為自動化，節省時間和人力成本，提高工作效率和生產力。但人工智慧快速發展也將引發新的法律和倫理問題，須妥善處理，確保發展符合社會的價值觀和利益。

推動韌性社會轉型

經濟、社會和產業，都須保有韌性，
透過政策、教育、科技等方式推動升級，
維持國際競爭力。

隨著全球環境的劇烈變動，我國政府近年來致力於實現「韌性社會」，為此做出長遠規劃與實質努力。總統蔡英文於2022年國慶演說即提出「韌性之島．韌性國家」，其中即包括「社會的韌性」及「具有韌性的經濟與產業」。

同時，因應全球經濟變局，包括持續的通膨壓力與經濟衰退風險，皆可能對國內產業經濟造成不利影響，也為社會帶來衝擊。

行政院已於2023年1月提出「疫後強化經濟與社會韌性

及全民共享經濟成果特別條例」，進一步為韌性社會打造發展基礎。

政策和教育，塑造韌性的兩大關鍵

針對社會韌性的強化，建構政策與教育角色，被視為重要因素。工研院執行副總暨副院長胡竹生表示，政府在建立韌性社會中擔任引導角色時，有幾項政策建議，包括加強資通訊基礎建設、擴展綠色能源的使用、推動智慧城市發展，以及針對新的商業模式或服務提供政策支持，例如利用臺灣在半導體工業的優勢，擴大投入電動車和化合物半導體領域的投資等，都有助臺灣在新興科技浪潮中，維持強大的競爭力。，

所謂化合物半導體，是由屬於元素週期表中，兩個或多個不同族的化學元素組成，例如 III 族與 V 族半導體結合的砷化鎵（GaAs），這也是目前最具代表性且應用最廣的化合物半導體。化合物半導體不適合用於邏輯運算晶片，但由於化合物半導體材料的獨特性，非常適合用於目前一些新興的應用，而且是矽半導體難以達到的規格，例如電動車的功率轉換，以及快速充電等高效率電力電子。

有鑑於全球進入電動車時代，化合物半導體成為下世代科技產業的新戰場，工研院已建置「化合物半導體南部發展基

地」，藉此吸引國內外業者落地投資，進一步壯大臺灣半導體領先優勢，能為臺灣應變世界變局提供更多籌碼。

在教育部分，工研院資深副總暨協理蘇孟宗主張政府應強化 STEM（科學、技術、工程和數學）教育的推廣，並加重人工智慧、大數據、自動化等相關教育領域。

他認為，未來的韌性社會需要具備科技知識和技能的人才，應鼓勵企業與學術界之間的合作，以促進人才的培養和技術的創新。同時，他也認為教育須培養學生的適應能力、創新能力和問題解決能力，這些都是面對未來挑戰所需的關鍵技能。

企業韌性，應變力和執行力的平衡

韌性社會的建立非一蹴可幾，除了政府領導之外，需要企業和民眾的共同參與與努力。做為經濟社會的重要支柱，企業該如何培養韌性？

對此，榮剛集團創辦人陳興時指出，首先應認知企業的韌性和執行力，其實存在著衝突。韌性讓企業能夠靈活應變風險和不確定性，而執行力則是強調有效的計畫執行和目標達成，這就形成了靈活性和效率的衝突，也可以說是風險控制和創新之間的張力。這種長期策略與即時需求之間的對立，可能導致企業忽視長期競爭力而追求短期成果。

另外，企業韌性需要跨部門和跨組織的合作，但是執行力需要確保有效的控制和統一的執行，因此兩者之間又出現了矛盾。對此，陳興時建議，企業應識別在不同情況和組織中可能出現的潛在衝突點，提出具體解決方案，盡可能克服制度和法律障礙，才能在韌性和執行力之間找到平衡。

他也呼籲，面對變化，企業要更有創意、更靈活應對，過去臺灣的紡織業曾一度沒落，後來部分紡織業者調整思維，最後成功轉型就是最佳例子。他強調，產業環境永遠在變動，但世界沒有夕陽產業，只有夕陽企業。

高附加價值產業，工研院發揮關鍵力量

在這場韌性社會持續轉型的過程，工研院可以發揮關鍵力量。陳興時認為，工研院應從人才培育和技術串接兩方面著手，為產業提供全方位的支援和解決方案。

在人才培育方面，除了專業技能外，更要注重韌性和應變能力的培養，以因應變動的市場環境。在技術方面，工研院應關注自動化、智慧化和智能化等當前發展趨勢，這些技術將對各個產業領域帶來深遠影響。

陳興時建議，工研院必須與產業界建立良好的合作機制和平台，透過緊密互動，共同研究和開發創新產品與解決方案，

“工研院應從人才培育和技術串接兩方面著手，
為產業提供全方位的支援和解決方案。”

避免人才和技術間的斷層和資源浪費。

跨域人才優勢，建立韌性社會後盾

中美矽晶製品、朋程科技榮譽董事長盧明光則指出，臺灣必須朝高附加價值的產業發展，而工研院擁有獨特的跨領域人才優勢，可以做出很大的貢獻。鑑於此類跨領域人才在臺灣較少，他認為政府應提供充分的財務支援，讓工研院可以更好地為國家的創新研發，以及人才培育努力。

盧明光還進一步提出結合企業力量的建議，例如企業可直接挹注經費給工研院，政府則提供相對的稅收補助，形成投資抵減的概念。這樣的方式讓企業借助工研院的研發能力精進產品和服務，同時持續提供經費支持工研院運作，形成一個良好的正向循環。唯有雙方協力推動臺灣產業邁向更具競爭力的未來，才能做為建立韌性社會的堅實後盾。

對於上述見解，工研院執行副總暨副院長胡竹生深表認同。

他表示，在當前多變的經濟與產業環境下，韌性社會的建立實屬必要，卻也面臨許多挑戰，如何利用科技駕馭風險、推動永續性，成為重要的時代議題。在這方面，工研院一向扮演關鍵角色，可以結合多元專家智慧及系統化思維，協助產業及社會因對經濟和環境的快速變化。例如，透過推動淨零排放技術，引導企業找到價值創造的新途徑。

在此一演變的過程中，政府、產業和教育部門皆需共同努力，以增強社會的韌性。胡竹生再次強調幾項重點，包括政府在推動基礎建設和產業發展上的作為；教育部門對未來人才的培養，尤其是提高人才的變通能力；以及產業的供應鏈轉型與應變能力強化，進而提升國際競爭力等，皆是實現韌性社會的關鍵。

對於建立韌性社會的必要性，胡竹生表示，在當前的地緣政治風險下，全球的經濟活動受到前所未有的考驗。從國家風險評估到供應鏈的重組，各國莫不積極調整策略。值得注意的是，生成式 AI 的大爆發，也將為社會帶來強烈衝擊。因此胡竹生強調，必須立刻著手強化社會韌性，才能因應未來的不確定性。

快速應變時代變局，「韌性社會」成為工研院「2035 技術策略與藍圖」的新焦點。工研院的韌性社會策略有 3 大方向，分別是基礎建設、資源能源，以及人力資源。

不僅要確保交通和電力的穩定供應，也要保護能源和水資源的多元來源。同時，面對勞動力逐漸減少，自動化和無人化是未來的方向，胡竹生指出，善用 AI 輔助人類，將有助紓解勞動力缺乏問題。透過各種努力，無論是在技術、經濟還是環境層面，工研院正致力將臺灣打造為韌性社會，以適應和克服未來的挑戰。（文／陳玉鳳）

精華摘要

■ 政府在韌性社會中擔任引導角色時，應加強資通訊基礎建設、擴展綠色能源的使用、推動智慧城市發展，以及在新的商業模式或服務，提供政策支持，

■ 全球進入電動車時代，化合物半導體成為下世代科技產業的新戰場，工研院已建置「化合物半導體南部發展基地」，吸引國內外業者落地投資，壯大臺灣半導體領先優勢。

■ 未來韌性社會需要具備科技知識和技能的人才，政府應強化科學、技術、工程和數學教育的推廣，並加重人工智慧、大數據、自動化等領域。

■ 工研院須與產業界建立良好的合作機制和平台，透過緊密互動，共同研究和開發創新產品與解決方案，避免人才和技術間的斷層與資源浪費。

6

第六章

智慧化致能技術

INTELLIGENTIZATION ENABLING TECHNOLOGY

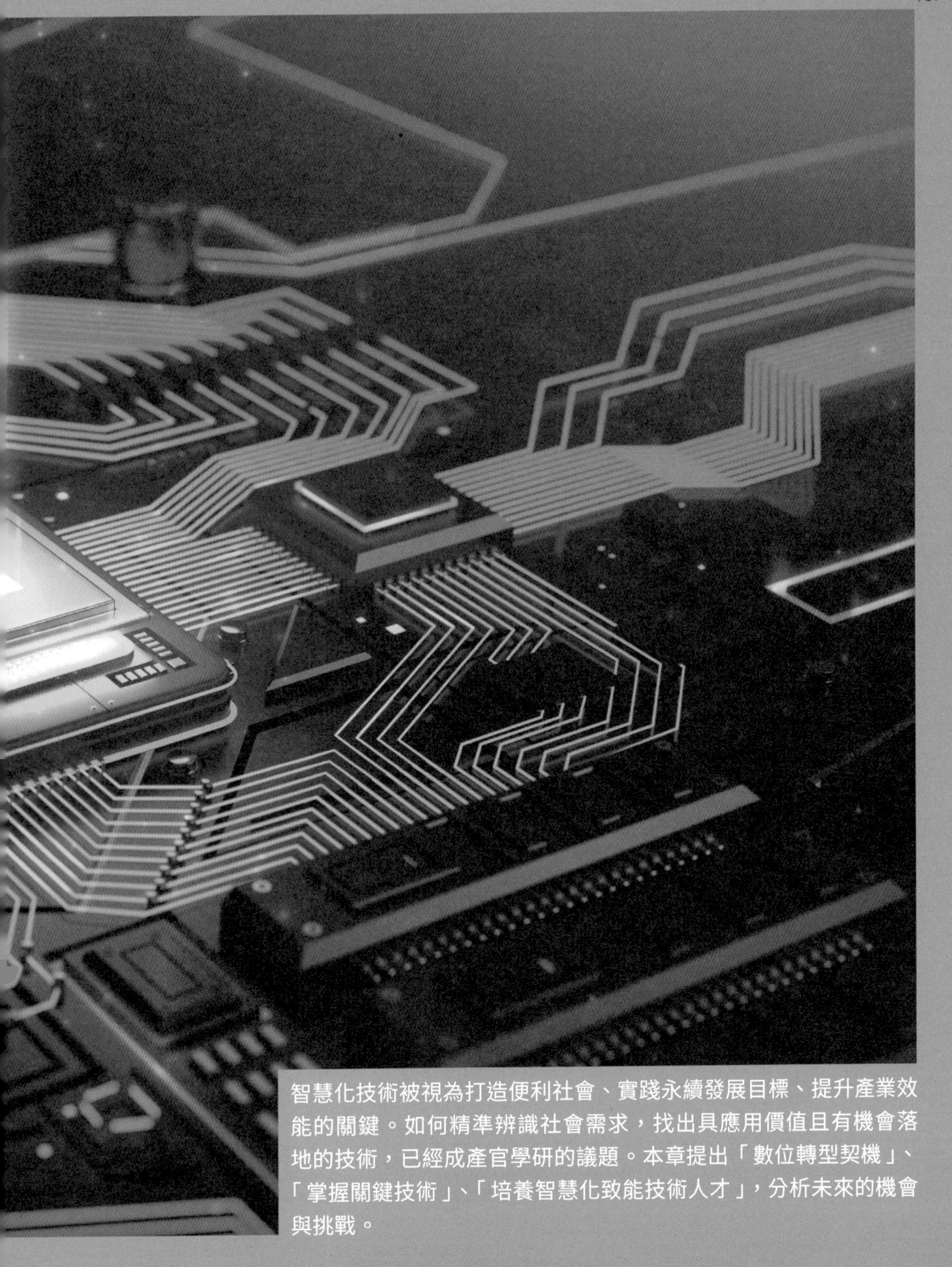

智慧化技術被視為打造便利社會、實踐永續發展目標、提升產業效能的關鍵。如何精準辨識社會需求，找出具應用價值且有機會落地的技術，已經成產官學研的議題。本章提出「數位轉型契機」、「掌握關鍵技術」、「培養智慧化致能技術人才」，分析未來的機會與挑戰。

數位轉型契機

從農業社會到傳統製造業，接著轉型推向科技業，
臺灣如何運用強大的技術能量，
再創下一波新機會？

智慧化技術種類多元，人工智慧、物聯網、大數據分析等都是其一，這些技術都具備改變社會、經濟和文化面貌的能力。然而，要讓智慧化技術順利應用於實際情境，並讓效益順利浮現，必須有更完整深入的思考與精確定位，同時克服特定領域的環境挑戰，才能精準選擇技術種類，從而有效解決問題，為社會帶來實質性的利益。

做為國際級研發機構，工研院為迎接未來 50 年的挑戰，制定了「2035 技術策略與藍圖」，主要聚焦在智慧生活、健康樂活、永續環境，以及韌性社會 4 大領域，並以智慧化致能技術撐起產業多元應用，透過「4+1」領域布局，超前部署臺灣產業的未來，提升國家和產業的競爭力，實現永續新未來。

迎接未來，應用 4 大領域

在智慧生活領域中，工研院的願景是透過智慧科技創造幸福新生活，重塑人與空間的運作體系，並滿足未來人類生活的需求。目前人類受限於智能、感官和能力的限制，需要新的連結和協作技術，因此移動載具的發展將帶來新商機。

然而，觀察目前智慧生活的市場缺口，可發現自主移動載具、物流系統等複雜場域的感測融合、統合學習與決策技術仍有不足。另外，新世代資訊匯流裝置，和輔助日常生活的服務型機械人之類的創新系統需求，也有待滿足。

在健康樂活方面，工研院希望以先進醫療照護讓生命更美好，並連結臺灣 ICT 和醫療優勢，跨領域共創智慧健康照護的新產業生態。

目前全人健康所需的個人化健康促進、診療和復健，仍缺乏健全的生態體系。效能不足的醫療與照護系統，也無法滿足高齡人口和優質生活的需求，從而加重了醫療健保的負擔。此外，缺乏永續經營的商業模式，導致醫療院所過度依賴政府補助，也是目前問題。

因此，目前市場急需解決方案。第一項就是精準健康的創新服務，例如生活型態和健康風險評估之關懷服務、健康促進和精準賦能的預防解方；第二項為精準醫療產業生態系，包含符合臨床需求情境的數位診療、遠距醫療和再生醫療的多元服務方案；第三是精準照護的智慧環境，此環境機制須提升老年人的社會參與度，打造老有所用的氛圍，同時滿足可選擇、能優化、有代償功能的新需求。

永續環境的願景，是以綠能科技打造生生不息的未來。此領域目前正面臨 3 大問題，首先是產品使用後，廢棄回收體系複雜且循環使用成本偏高；其次為社會對高效率且跨場域的穩定供應綠能電力，需求甚殷；最後則是生產製造節能減排與廢棄物處理的挑戰。

上述問題也延伸出幾項市場缺口，包括電子和綠能產品使用後的廢棄問題、綠能大量布建後的維運工作。此外，整合設備和材料的低碳節能製程技術、可預防汙染的產品製程設計和技術，目前也都仍不足。

面對頻繁的天災與環境變革衝擊，打造韌性社會不僅成為政府的重點政策，更將帶來龐大產業商機。對此，工研院的願景是以技術方案，協助國家加速實現韌性社會，並衍生出創新商機。

智慧化致能技術撐起產線多元應用

工研院將聚焦智慧生活、健康樂活、永續環境、韌性社會 4 大目標，並發展智慧化致能技術以促成應用領域，超前部署臺灣產業的未來。

以智慧科技
創造幸福新生活

健康
樂活

以先進醫療照護
讓生命更美好

永續
環境

以科技創新打造
生生不息的未來

韌性
社會

以科技因應風險
穩健社會成長

智慧化致能技術

(人工智慧與資安、半導體晶片、通訊、智慧感測)

資料提供：工研院產業科技國際策略發展所

不過要落實此目標，必須先解決兩大痛點，第一是目前基礎設施、能源供應、公共服務和勞動體系相互依賴，突發事件可能對整體造成巨大損失，例如電網、供水、通訊和資訊系統等；第二是建立有效的預防、應對方法或替代方案。

就此來看，目前市場缺口包括關鍵基礎設施，和公共服務運作的監控、快速修復和備援能力，重要資源和能源供應的快速修復和備援能力。此外，還須維持必要勞動力方案，以確保生產和服務的持續運作。

技術布局方向

整體而言，在科技精進與社會需求快速浮現下，智慧化技術應用已經超越了純粹的科學探索，成為推動社會發展的關鍵。要實現此目標，就必須在眾多技術中找出可對社會帶來實際效益者，並透過各界專家跨域合作將其有效導入至各領域，蒐集社會不同層面資訊、分析產業趨勢，確立具發展潛力的技術方向，同時解決應用場域的法律、倫理和隱私等議題，確保技術的發展合乎社會價值觀與法規，共同創建智慧永續的新未來。

1980 年代末，臺灣正式迎來產業的第二次轉型，從傳統製造業轉向科技業，在產官學研各界 40 年來的努力下，臺灣累積了強大的技術能量，成為科技領域的領先者之一。

近年來，一股智慧化浪潮席捲全球，回顧過去歷史軌跡，我們可以預見，此趨勢除了帶來挑戰，也將有另一波產業升級機會。

所謂智慧化，其概念涵蓋了 AI、物聯網、大數據、雲端運算等領域，這些創新發展正在改變社會的運作與產業結構，臺灣產業必須從中找到具備應用價值與發展潛力的致能技術，方能順利掌握商機。

掌握技術發展固然重要，但應用領域何在？產業若想真正引領商機，發展出符合市場需求的技術，就必須了解未來世界面貌與生活型態。

綜合以上所述，雖然產業轉型機會大，但要面臨的挑戰也不少，需要產官學研各界的整合與協作，才能建構智慧化致能的永續新未來。（文／王明德）

精華摘要

■ 工研院制定「2035 技術策略與藍圖」，聚焦在智慧生活、健康樂活、永續環境、及韌性社會 4 大領域，並以智慧化致能技術撐起產業多元應用。

■ 產業轉型機會大，但要面臨的挑戰也不少，需要產官學研各界的整合與協作，建構智慧化致能的永續新未來。

掌握關鍵技術

臺灣擁有科技技術，更要強化多元應用領域，
發揮最大價值，
才能推升創新動能與產業發展。

面對這波新興科技浪潮，臺灣並未缺席，甚至占有舉足輕重的地位，掌握許多重要關鍵技術，無論是AI與資安、半導體、晶片通訊甚至是智慧感測等領域，都是臺灣能夠持續強化的發展重點。

關鍵技術1：人工智慧的運用領域

近期發展最迅速且受社會各界期待的技術，莫過於人工智慧（AI, Artificial Intelligence）。工研院執行副總暨總營運長兼AI 策略長余孝先表示，AI 與資安是建構智慧生活的重要環節，目前政府正致力積極推動「產業 AI 化」和「AI 產業化」，加強發展生成式 AI，並確保 AI 的可靠性與安全性。

此外，為因應日漸頻繁的資安威脅，還須專注發展智慧零信任治理平台，及第三方 AI 資安曝險分析技術，以更精準地評估產業外曝資安風險。

臺灣人工智慧學校校長孔祥重也指出，AI 的影響力已觸及各個領域，並從傳統應用演變到影像、視訊等各種模式，除了應用擴張外，技術也快速普及，從僅由具備專業能力的少數公司，擴散到各個行業；從社交媒體的病毒式傳播，到個人健康和健身領域，再到自行車和運動摩托車，AI 的影響無處不在。

在此同時，AI 的運算架構也從傳統的雲端運算，轉向邊緣與雲端並重，將數據處理能力下放到裝置本身，使得臺灣擁有優勢的製造業受益良多。

臺灣在資通訊領域擁有深厚基礎和創新能力，孔祥重建議，產官學界把握這波浪潮，深掘製造業、醫療照護等領域的發展潛力，推動 AI 在社會與經濟發展中的廣泛應用。

工研院資訊與通訊研究所所長丁邦安也指出，AI 已從資料蒐集判讀進入到分析決策的階段，2022 年，橫空出世的 ChatGPT，更讓生成式 AI 自動生成資料的強大功能快速融入生活各層面。他提到 AI 初期發展重視資料的蒐集與儲存，Google、微軟等科技巨頭在此領域占有優勢，近年 AI 快速進化，具備複雜的分析和決策能力，尤其是 ChatGPT 自然語言處理模型的崛起，讓 AI 可以更快速、精準的理解人類語言，提供有邏輯性的回應。

他預測，AI 未來將進一步往行動化方向發展，這代表此技術將不僅是分析和決策工具，更可依據當下情境，提供符合實際需求的解決方案，對各行各業帶來深遠影響。

應對 AI 帶來的挑戰

孔祥重也提醒產官學研各界兩件事，首先是算力的提升，雖可推動科研技術創新與經濟發展，但算力並不全然等同於提升國力，因為國力是包含經濟、政治、教育、科技等多方面的綜合能力，但在追求 AI 與算力過程中，還須綜觀全局，注重平衡不同領域的發展，結合相應的人才培養和技術應用，方能實現全面性的國家發展。

第二是追求科技進步的同時，也須重視 AI 技術帶來的挑戰，並以更開放的態度來面對與解決問題。AI 帶來的問題是隱私和倫理議題，臺灣要在 AI 發展效益與風險之間找到平衡，並制定相應的政策和法規，以確保 AI 的發展不僅符合社會，也符合個人利益。

孔祥重以自身在教育領域為例，現在教師正面臨學生利用 AI 作弊的挑戰。他指出，防弊雖是必要措施，但嚴禁 AI 工具無法完全解決問題。

業界須重視學生的學習態度和價值觀，學校須養成學生使用此工具的能力與正確心態，透過教育讓學生不僅擁有知識，同時培養自主學習和批判思維能力。避免過度依賴 AI 工具，讓學生成為機械性回答問題的人，無法真正理解和思考。

丁邦安也同意此觀點，他認為無論是教育界或其他產業，都應密切關注相關的倫理和隱私問題，加強對 AI 技術的研究與人才培育，注重使用 AI 的道德觀念和倫理意識，讓使用者理解並遵守誠信原則，確保 AI 是可為人類帶來安全便利的技術。

關鍵技術 2：通訊技術趨勢與發展

通訊傳輸技術是實現智慧化社會的重要支撐，余孝先表示，臺灣須密切配合國際標準走向，發展第六代通訊技術，以解決 5G 產業高功耗高成本的問題，並改善通訊覆蓋的完整度。

多國政府與產業正在推動的 6G 通訊，將是未來重點技術，此部份需要開發架構低能耗接取基站系統、主動式 RIS 系統、6G 三維低能耗異質韌性組網管理平台、多頻段通感算融合賦能，及零信任組網系統等技術。此外 Sub-THz 材料、元件及次系統設計與量測、非地面通訊技術也是重點。

在趨勢面，通訊技術發展有四個重要議題，首先是寬頻需求的覆蓋範圍需要持續提升，這部分可藉由新興技術，例如可改變反射波和散射波行為的 RIS 材料，解決覆蓋成本過高問題。

其次是建立韌性網路結構，這部分的解決方式可透過包含地面通訊、地軌道路機和空中飛船在內的設備，打造全覆蓋且具有彈性的網路結構。

第三點是人機共存，可以利用穿戴式裝置搭配通訊和雷達的融合，實現精確定位。

第四是隨著資料流程量增加，越來越多的網路元件需要智慧化管理，此一部分可透過 CPU 核心調度解決。至於資安問題，則可在確保重要資料安全前提下，探索合理成本且具可行性的加解密技術。

至於在衛星通訊產業方面，丁邦安透露，工研院的低軌道衛星寬頻通訊酬載技術與飛船用長距離通訊酬載技術研發已有部分進展，透過與太空中心及臺灣業者共同合作，建構自主技術供應鏈。未來應用包括手機直聯衛星、低軌道衛星寬頻通訊與國土監控等。

總體而言，通訊技術發展在面臨挑戰的同時，也帶來大量契機，臺灣需積極整合資源，突破技術困境，為通訊技術發展打下堅實基礎。

關鍵技術 3：半導體的競爭力

作為現代科技發展的核心之一，半導體技術正處於蓬勃發展的關鍵時期。在面對未來的挑戰和機會時，臺灣的半導體產業已展現出強大的競爭力和創新潛力。

余孝先指出，半導體晶片將持續追求低功耗、低延遲、高速和使用壽命長的運算軟硬體環境，以滿足智慧生活、健康樂活、永續環境和韌性社會等多領域的應用需求。

臺灣在後摩爾時代有機會繼續保持領先地位，技術方面的重點包括 Chiplet-based 晶片設計、類神經運算、化合物半導體和半導體檢測。

前科技部部長徐爵民表示，智慧化致能技術包括人工智慧、資訊安全、半導體晶片、通訊、感測等，其中，半導體是基礎，可以支撐 AI、通訊、感測等技術發展。

他進一步指出，任何技術的發展都是隨著應用需求的改變而逐步演進，尤其半導體晶片更是如此。舉例來說，半導體有高效能運算、感測、支援類比界面等應用需求，這些應用需求推動半導體技術不斷前進，如今隨著製程技術走到 3 奈米，未來還有可能往 2 奈米走，應用也會越來越多。

> 目前政府正致力積極推動
> 「產業 AI 化」和「AI 產業化」，
> 加強發展生成式 AI，
> 並確保 AI 的可靠性與安全性。

雖然近幾年因為景氣不好，導致全球半導體市場一直上上下下，但長期來看半導體市場還是處於成長態勢，晶片數目越來越多，而且不脫高績效、低耗電的共同趨勢。

半導體晶片包括製造和設計的技術，在製造技術端，臺灣已居產業領先地位，未來須繼續保持優勢。除了先進製程外，臺灣也布局特殊製程，如高電壓、高電力應用需求，或特定技術節點的特定應用，這類特殊應用的製程技術，臺灣已建立一定競爭力，只要持續發展就有機會。

不過在設計方面，臺灣仍有待加強。去年，全球半導體市場規模為 5,740 億美金，而臺灣自行設計的晶片，市占率只有 8%，因此設計端仍有成長空間。徐爵民建議，可朝 HPC、AI、伺服器等，有高效能應用需求的方向發展。

目前臺灣已有企業針對高效能應用設計晶片，並推出產品至市場，雖然規模仍不大，但已證明臺灣有能力耕耘此領域。而記憶體的話則與 IC 設計不同，臺灣雖然也有純記憶體公司，但全球市場占比只有 3% 至 4%，由於記憶體是資本密集產業，沒有龐大的資金挹注，企業規模欲大不易。

至於手機晶片、消費用產品晶片等領域，臺灣的選擇相當多，重點是以高附加價值為主，雖然這些領域發展有難度，但只要下定決心持續投入，在半導體晶片裡，臺灣仍有機會。

在技術面，李長榮化工集團總裁李謀偉則提醒，因半導體微縮製程不斷突破，先進檢測技術將是未來發展關鍵。

此外，特殊製程在高電壓或特定應用方面的發展也不容忽視，臺灣的 IC 製造占全球市場 6 成以上，是此產業的全球領頭羊，但 IC 設計市場僅占 8%，記憶體則受限於資本，這兩者都有成長空間。

工研院量測技術發展中心執行長林增耀也指出，臺灣擁有全球最完整的半導體產業生態系，其中也包括量測設備。他提到，臺灣有完整的檢測實驗場域，製程檢測設備可從實驗室快速轉移到產線，實現 24 小時不間斷的檢測要求，檢測機台已成為供應商的標準機台和驗收標準。

面對未來發展，即使臺灣在半導體領域確實有一些資源的瓶頸，但擁有寶貴的腦力資源和重視教育的環境，仍可大膽思考和尋找不同的方向，將有助於將這些優勢轉化為創新應用。

綜觀全局，臺灣半導體產業正處於二次成長階段，持續的技術創新、對設計業的關注以及優化資源配置，將可為臺灣半導體產業的未來發展奠定堅實基礎，並持續在全球市場上扮演重要角色。

關鍵技術 4：啟動智慧感測的多元應用

在智慧感測技術部分，工研院智慧感測與系統科技中心執行長朱俊勳指出，感測智慧化系統運作的啟動點，無論是 AI 分析或雲端運算，都必須以取得正確數據為基礎，系統才能發揮效益。不過此概念目前尚未廣泛在產業建立起來，以致業者規劃系統時，容易忽略感測器系統取得正確數據的重要性。

他解釋，感測系統的種類與規格會因應用場景而有所不同，這也導致其規格和價值差異極大，以現在常見的陀螺儀為例，消費性電子產品、智慧製造與航太設備所用的陀螺儀價格與規格就相去甚遠。因此，在探討智慧感測技術時，必須考慮應用場景的需求，精確且高效感測系統的價格自然高昂。

由於種類與應用方向眾多，因此，工研院在發展智慧感測系統時，會以政府的政策方向為主，再根據市場需求進行研發，現在的方向是消費性與工業用並重。

朱俊勳表示，工業感測系統需嵌入到機台中以取得最精準數據，因此，設備對於感測器效能與精準度的要求更高。以震動感測為例，現在智慧製造系統會透過感測器偵測機台震動數據，再累積為數據庫並進行分析，當系統發覺震動數據出現異常時，就可發出通知，提醒人員在故障前先行預診或維修，避免無預警停機導致產線停擺。這類震動感測系統對精度，包含頻寬與雜訊規格，因應用領域別差異均有不同的規格要求，工研院開發的感測系統必須滿足此標準。

發揮感測數據最大價值

除了精度之外，感測系統的另一個重點是可靠性與穩定度。

感測數據需長期累積才能發揮最大價值，例如環境監測系統必須有長期穩定的數據，方能準確預測，從而制定應對措施。目前在工業領域，工研院的感測器研發已有豐碩成果，有助於國內產業發展智慧化架構。

除了提供技術研發，工研院也透過其他方式，幫助企業導入智慧感測領域，例如系統整合商（SI, System Integrator），因為這些系統整合商都具備半導體製造、鋼鐵業等特定垂直領域專業，所以工研院會協助廠商開發與應用智慧感測系統，以滿足需求。

此外，中小型系統業因資源與技術能力均有限，進入市場的門檻較高，工研院也會輔助其進入智慧感測系統市場，藉由技術支援協助廠商克服相關挑戰，及找到合適的整體解決方案。

整體而言，工研院目前仍是臺灣投入智慧感測器基礎技術開發與人才培育，並應用於智慧感測系統的主要研發者，涉足此領域的廠商仍不多，導致絕大多數的臺灣系統業者只能購買國外感測器。朱俊勳分析原因在於，高階感測晶片的技術有其難度，目前全球能提供符合國內產業需求之高規工規、軍規等級的感測器廠商極其有限。此外，過去側重於消費性電子領域的臺灣科技產業，較少投入高精準度與高可靠度等，可以提升設備附加價值的高階感測器。

然而，高精度、高可靠度感測系統是智慧化系統的基礎。朱俊勳以無人載具為例指出，無人載具需要大量可靠且精準的感測系統，臺灣廠商如果無法自主發展關鍵感測器，將導致關鍵零組件取得與規格受制於人，進而影響競爭力。

無人載具只是其中一例，過去臺灣在各產業別的智慧系統等應用，往往無法順利推廣擴散，乃因國內高規格感測器自主供應不足，造成應用無法順利落地的主因之一。

觀察科技發展軌跡，臺灣在 1980 年代搭上 PC 發展列車，開啟另一波產業轉型，之後半導體產業接手，創造出臺灣在科技產業的領先地位。如今另一波趨勢襲來，智慧化浪潮將改變全球社會面貌。

對此，李謀偉點出臺灣需思考，什麼是我們應擁有、可擁有的未來，以規劃下一步發展。臺灣有眾多明顯優勢，包括政府政策的全力支持、高教育水準以及多元文化養分。我們應善用自身優勢，培育下一代領導企業，推動臺灣產業發展。工研院將在其中扮演重要角色，透過長年累積的技術能量與經驗，協助企業正確選題，將資源集中於具落地價值的項目，並透過數位轉型發展新事業。

工研院過去半世紀已交出亮眼成績單，他相信，未來仍會是臺灣產業的最強助力，透過產官學研的緊密合作，創造出另一波經濟高峰。（文／王明德）

精華摘要

■ 臺灣掌握許多重要關鍵技術，包含 AI、半導體、資通訊甚至是智慧感測等，是臺灣持續強化的發展重點。

■ 感測系統取得正確數據是智慧產業的核心，建立智慧感測器基盤技術對於智慧製造、無人載具、智慧醫療等系統至關重要。臺灣產業必須盡快擁有高階關鍵組件自主技術能力。

■ 對於 AI 帶來的隱私與倫理問題，臺灣須在 AI 發展效益與風險之間找到平衡點，制定相應政策和法規，確保 AI 發展符合社會，也符合個人利益。

培養智慧化致能技術人才

要在科技研發領域占有重要地位，優秀人才是必備關鍵，除了教育培育，也須推動國內外資源交流，持續學習先進知識與經驗。

人才培養對臺灣發展智慧化技術，具有極其重要的意義，尤其是在當今快速變化的數位時代，智慧化技術成為推動產業轉型、提升競爭力的關鍵。臺灣要在全球科技競爭中占有一席之地，必須依靠具創新能力和高技術水平的優秀人才。

政府協助深耕技術能力

對於人才培育，臺灣人工智慧學校校長孔祥重表示，開發技術需要人才，但臺灣在這方面向來不足，再加上少子化趨勢，未來人口將越來越少，學校培養的人才也會逐年遞減。

因此，他建議可從兩大面向改變，其一是協助技術人員提高技術能力，讓學生於在學期間培養充足的實作能力。工研院也可開設相關課程，協助年輕人提升技術能力，且重質不重量，培育的人才可挑選單一領域持續深耕。

前科技部部長徐爵民也同意此看法，他進一步解釋，臺灣半導體產業需要政府長期支持，才能維持既有優勢，但半導體是資本、技術、人才密集的產業，政府資源有限，即便可以提供經費補助，也無法集中在單一企業身上，分散的補助對企業助益有限。

因此，政府不如從人才面著手，協助企業提升技術人才品質，例如目前臺灣大學、清華大學、陽明交大及成功大學都設有半導體學院，如何吸引學生進來就讀並串起產業需求，讓學生一畢業就能成為職場戰力，相信對企業的幫助更大。

孔祥重提到的第二個改變面向為，臺灣在智慧科技領域具有巨大的潛力，然而，要實現這一潛力，就需要加強基礎科學人才的培養，尤其是類比技術人才。

目前臺灣這方面人才缺乏，但此領域是智慧科技未來發展的重要領域，工研院在這方面有龐大的潛在能量，應投入更多力量以培養相關人才。

對於基礎科學人才養成，工研院智慧感測與系統科技中心執行長朱俊勳，即以智慧感測系統的人才培育為例，點出工研院的做法。

養成感測器跨域全才

工研院的感測器人才培養是以全才為主，不局限於特定領域，希望能夠跨足感測器各面向，並整合各領域知識，以滿足不同應用場景的需求。同時，工研院也鼓勵合作與交流，協助新創公司養成感測器專業人才。

朱俊勳表示，強調跨領域全才的原因是，智慧化系統對感測器需求多樣且複雜，智慧化系統的應用多元，正如前文所述，醫療、工業、消費、無人載具等系統設備皆需要不同感測器，這些感測器多涉及機械、電子、物理、化學等不同領域，研發與製造難度比以往更高，因此非常需要跨域專業知識。

除了培養跨領域專業與協作能力，工研院的感測器領域人才養成還包括實戰經驗。朱俊勳指出，唯有通過實際布建，才能真正掌握終端應用需求，打造具實用價值的感測器。

整體而言，感測技術在智慧化系統中的角色極為吃重，對國家產業升級與企業轉型至關重要。因此，臺灣需要深化感測技術能量，建構全方位人才培養基礎，並加強產研之間的合

> “臺灣應該從高中時期就加入 AI 的教育內容，
> 讓學生進行實際項目或專題研究。”

作，共同推動此一產業發展，讓臺灣在全球智慧感測領域擁有競爭優勢。

建構 AI 基礎教育

除了基礎科學外，李長榮化工集團總裁李謀偉指出，因應產業趨勢，協助未來人才具備未來可用的技職能也是重點，尤其是 AI 教育方面。

他提到，AI 教育至關重要，特別是在當前科技快速發展，AI 做為關鍵智慧化技術，對未來社會和經濟產生深遠影響。然而，目前臺灣高中的課程對於 AI 相關知識的教育還不夠充分，這可能會導致年輕一代對 AI 技術的認識不足，缺乏對這一領域的深入理解和應用。因此，讓年輕人早早認識並了解 AI，對他們的專業發展和個人成長，都具有重要意義。

有鑑於此，臺灣應該從高中時期就加入 AI 的教育內容，例如在電腦科學或科技教育中引入 AI 基本概念、原理和應用，讓學生進行實際的 AI 項目或專題研究。此外，也可邀請 AI 專家或業界人士到校講座和交流，讓學生更深入了解 AI 在實際應用中的價值和挑戰。

除了高中教育，大學和研究機構則應進一步深化 AI 教育與研究，並提供更多相關專業課程和實習機會，培養更多的 AI 專業人才。

加強 AI 教育，不僅是為了讓年輕人更早接觸和了解這一領域，更是為了培養具有 AI 專業知識和技能的人才，推動臺灣在全球智慧化競爭中保持領先地位。臺灣應該抓住這機遇，建立完善的 AI 教育體系，為臺灣的科技發展和社會進步做出貢獻。

與國際合作是重要策略

孔祥重另提到，引進國際人才也十分重要，臺灣過去幾年一直討論此議題，但由於缺乏完善的配套制度，削弱海外人才來臺就職的意願。近期多數全球大廠都在精簡人力，對臺灣企業而言是招聘好時機，政府若能相應調整移民政策，創造國際人才友善居留環境，就可提升來臺的吸引力。當然前提是在薪資待遇上需比照國外，不能只用國內標準衡量。

在面對全球科技競爭的挑戰時，工研院資深副總暨協理蘇孟宗認為，臺灣科技業應思考如何吸引更多人才，並進行國際合作。人才是臺灣科技業未來發展的關鍵。雖然希望盡量吸引優秀人才回臺灣，但工研院的需求和全球競爭，使得人才的配置有限。

他舉例，為了延攬更多創新人才，應提供更多工作模式，遠距工作就是其一，為臺灣企業工作的海外專業人才能居住在自己國家，領取的薪資則為該國水準。此模式可吸引更多國際人才投入臺灣科技產業，也可做為包括工研院在內的臺灣產學機構吸引人才的參考。

徐爵民則建議，臺灣加強與國際頂尖學研機構的合作，並提供優厚交換計畫，吸引國外優秀人才來臺灣進行學術交流。目前臺灣的學研合作仍以美國為大宗，他認為可擴大至其他國家，為臺灣帶來更多全球優質的科研資源。

另外他還提到，工研院可與國內企業結合，善用臺灣的產學研優勢，例如提供到台積電參觀、實習，或與高層人員對談的機會，讓海外專業人才進一步認識臺灣產業，增加來臺的意願。

孔祥重也認同加強與國際頂尖學研機構合作的看法，臺灣應轉換思維，以國際合作中心解決人才問題，善用臺灣在科技領域的實力，與其他國家的科研機構和學府交流合作。他舉例美國知名學府如哈佛大學，非常歡迎臺灣的人才，臺灣可以與這些知名學府交換學生，讓更多臺灣優秀人才有機會走出國門，學習國際先進的科技知識和經驗。

他表示，吸引國外優秀人才，對臺灣智慧科技發展至關重要，主張提供國際合作的機會，讓外國學者來臺灣進行交換計畫，並提供具有吸引力的條件，讓他們有意願留在臺灣進行科研工作。

整體而言，臺灣要推動智慧科技致能化，就必須加強人才交流和國際合作，讓臺灣有機會吸引更多國際科研資源，提升科技創新能力，並在全球科技競爭中脫穎而出。政府則應重視建議，推動相關政策，並鼓勵臺灣優秀人才走向國際，為臺灣科技發展注入新動力，持續在智慧化時代扮演關鍵角色。（文／王明德）

精華摘要

- 工研院可開設相關課程，協助年輕人提升技術能力，且重質不重量，培育的人才可挑選單一領域持續深耕。
- 工研院的感測器人才培養以全才為主，跨足感測器各面向，並整合各領域知識，以滿足不同應用場景的需求。同時，工研院也可協助新創公司養成感測器專業人才。
- 臺灣應從高中時期起建立完善的 AI 教育體系，例如在電腦科學或科技教育中引入 AI 基本概念、原理和應用，讓學生進行實際 AI 項目或專題研究。
- 工研院須加強與國際頂尖學研機構合作，並提供優厚交換計畫，吸引國外優秀人才來臺進行學術交流。

7

INNOVATIO

第七章

創新創業

INNOVATIVE ENTREPRENE

RSHIP

創新，是對傳統觀念和現有方式的挑戰，創造新的想法、概念、產品、服務或方法；創業，將其成功引入現有市場或社會環境，成為可改變社會並帶來經濟價值的商業模式。從「需求與市場」、「技術與產品」、「營運與人才」，剖析臺灣創新創業的機會及困境，歸納未來 10 年趨勢。

需求與市場

新興需求的背後，
代表著龐大的創業機會與商業價值，
創業者，你們看到了嗎？

本書前面章節已深而廣的探討了「智慧生活」、「健康樂活」、「永續環境」、「韌性社會」4大領域，以及「智慧化致能技術」發展下的未來生活場景。在這些大趨勢下，臺灣正迎來一個創新創業的契機，更是向世界突圍的關鍵。

運用想像力，構建未來需求

創新創業是一門科學、一門生意，有時更可以說是一門藝術，帶領人們從「現在」走向「未來」。就像過去出現在科幻小說中的未來科技，時至今日，不少都已成為現實。如1968 年出品的經典科幻電影《2001 太空漫遊》，就已出現名為「HAL 9000」的人工智慧系統。而今，從語音助理到最新的ChatGPT，雖然未及電影中具備情感與自主思考的程度，卻已逐步實現科幻作品中的概念。

對於未來的幻想，往往是人類邁向科技奇點的濫觴，也是社會不斷進化的重要影響力。由此出發，我們也能從「智慧生活」、「健康樂活」、「永續環境」、「韌性社會」4 大關鍵領域中，深入探討人類生活的未來，並從此刻開始，將仍未發生的場景付諸實現。

根據一項工研院 2023 年 6 月發表的調查《2035 臺灣樣貌調查結果》顯示，臺灣民眾票選未來 2035 年臺灣前 3 大最「期待」情境依序為：防災無死角、打敗疾病、照顧很 Easy，可見民眾對於科技防災、健康防禦與照護「安全感」的渴望及需求。可是，全球局勢快速變化，人們將面臨的挑戰與過往不同，在2035 年到來前，人類社會必定會出現一系列重要的變革。

首先，氣候變遷和全球暖化的威脅與風險，強化了淨零排放的急迫性；超高齡社會及全球性傳染疾病的出現，對醫病關係產生了巨大的影響，驅使人們迎向零接觸醫療模式，且智慧健康與預防性健康概念，已推升成為醫療新重點。

同時，數位原生代的崛起也會改變社會結構，他們將成為社會的中堅力量，並把社會轉變為以網路為中心的生活型態。根據預測，大約有30%的人，每天會花費1小時在虛實整合的網路世界中進行工作、購物、教育、社交和娛樂等活動。再加上AI人工智慧、無人載具等創新科技的發展和應用，都會帶來全新的勞動力結構、新經濟模式，以及新的社會聚集方式。

這些新興需求的背後，代表著龐大的創業機會與商業價值。

以智慧醫療領域為例，臺灣在資通訊技術優勢與健保體系的龐大醫療數據下，擁有極大優勢，除了不少科技大廠已展開布局，透過投資、併購、成立子公司或事業群等多種方式參與相關業務外，智慧醫療新創公司也在2015年後顯著增加。尤其2020年起，炳碩生醫、安智生醫、雲象科技、聿信醫療、Deep01等公司，相繼獲得了億元級的融資。

此外，中華開發資本、台杉投資等資金提供者也紛紛成立生技基金，並將智慧醫療列為重點投資領域，顯示出智慧醫療新創的發展成果逐漸浮現，並受到資本市場的關注與青睞。

再以智慧生活為例，原本技術研發即為強項的臺灣，正從科技島走向人文科技島，在「個人化裝置與服務」、「自主移動系統」、「智慧產業及服務」等3大次領域占有優勢，發展包括人機互動及服務、智慧影像及感知系統、穿戴裝置、感知預測、決策控制、自主移動平台等重點項目。尤其在智慧交通方

> “ 數位原生代將成為社會的中堅力量，
> 並把社會轉變為以網路為中心的生活型態。”

面，電動車及相關的汽車科技領域，更將成為科技新創的潛力市場，該產業所需的創新零組件和軟體解決方案，都能創造龐大的市場需求。

孕育新創領域發展

工研院成立的核心宗旨，是以科技創新帶領臺灣產業轉型升級，工研院副總暨法務長王鵬瑜指出，創新創業是臺灣供應鏈研發的火車頭，除了在技術上追求創新，工研院更重視技術背後的價值，致力於開發出支撐市場發展、符合市場需求的關鍵技術，歷年來累積近 3 萬件專利，帶動一波波產業發展。

他也分享，工研院多年來從 4 個面向：文化、輔導歷程、資金與投後管理來協助臺灣新創發展。這些具有競爭力的技術，在不同領域都有商業化的可能，而我們的目標就是協助建立一個機制，幫助創業團隊建立合適的商業模式。

自 1973 年工研院成立至今，已孕育出 160 家新創公司，其中衍生公司（Spin-Off）有 15 家成功上市櫃，早期是以半導體相關企業如聯電、台積電、世界先進與晶元光電等。之後因應市場趨勢與產業機會，中後期有台微醫、台生醫、新穎及巨生等生醫領域企業，在新興綠能產業上，2017 年衍生新創公司起而行綠能，也已站穩市場領導地位，在臺灣充電樁市占率高達 6 成，由此可見，市場需求牽動著新創領域與發展。

實現科技桃花源

工研院面對現今這波科技浪潮，提出未來的創新，將落實在「2035 技術策略與藍圖」中，以創新翻轉生活，以市場需求為導向、發展解決方案、創建嶄新市場，以謀求人類社會福祉，引領產業社會邁向美好未來。

而對於創業的角度，創新工業技術移轉股份有限公司總經理瞿志豪表示，根據過往經驗發現，有兩類題目較不適合新創團隊嘗試：一是進入門檻太高的題目，如綠能、儲能等能源相關領域，因為經濟規模過高，建置一個工廠的投資動輒數十億新臺幣，比起新創團隊冒險投入，更適合由大企業在穩定的基礎下創新；二是產業結構非常穩定的題目，例如全球前 15 大半導體製造設備商的市場占有率已超過 75%，新創公司很難從中殺出一條血路。

不過，在智慧生活與健康樂活領域，仍有不少可以切入的題目，甚至可以說是五花八門，只有想像力可以限制創業的可能性。

例如在 AI、服務型機器人等技術逐漸普遍的情況下，生活場景邁向自動化，無論是餐廳送餐、家中掃地機器人或各種穿戴式設備，這類型的題目門檻不會太高，但卻有更多彈性與迭代創新的空間，只要能選對市場上的痛點，就有機會發展成好的創業題目。

前工研院董事長史欽泰也強調，科技的革新將促使人類得以創造科技與生活完美結合的未來，實現智慧生活和永續智慧，這就是「科技桃花源」的概念。例如運用科技協助在地茶葉和咖啡產業的新發展，不僅可以提升農產品品質，也有助於人口老化及少子化趨勢下的人力資源問題；此外，也能保存老師傅的智慧，讓傳統的技術得以傳承。

科技桃花源，不僅是對未來的期望和願景，更是一個動態的實踐過程。這個概念主張以需求為出發點，利用科技實現夢想，同時積極照顧環境，創造一個永續且和諧的社會。

洞見需求，創造市場的視野

不過，臺灣的創業圈裡存在著一個普遍現象：許多創業者具備卓越的軟體能力和工程背景，但對於消費市場或產業現況的了解有限。這種情況下，他們面臨一項嚴峻的挑戰：如何將自身的技術能力，轉化為符合市場需求的產品。

創新創業如同面對一張白紙，從 0 到 1 雖是自由創作，但若沒有框架的輔助，就很容易淪為孤芳自賞的作品。

因此，創業者不能只看到某個趨勢、某個技術，就急於著手創業。若不清楚具體的客戶相貌、缺乏對需求痛點的了解，便難以提供讓他們願意付費的價值主張。單憑想像來進行創業，最終可能會發現，現實與想像並不一致。

尤其，每一次新的技術出現時，都會引發一陣投資與創業的熱潮。

如同 2000 年的「網路泡沫（Dot-Com Bubble）」，當時投資者對網路科技公司極度樂觀，也催生大量網路創業，包括電子商務、社群媒體、網路內容與平台等，在市場價值遠超出企業應有價值後，市場泡沫化便發生，使整個科技產業受到了重創。雖然網路泡沫帶來了巨大的破壞和經濟損失，但同時也為科技產業的進一步發展帶來了省思。

要避免陷入錯失恐懼症（FOMO, Fear Of Missing Out），最重要的思維仍是關注於創業要解決的問題，而非對技術的偏愛或是追逐熱潮，創業者必須將目光轉向市場和用戶，藉由積極投入市場研究，與潛在用戶進行深入交流，蒐集反饋和意見，以便能更好地了解市場需求。

以自身為目標用戶

事實上，不少優秀的創業題目，來自於創業團隊本身對該產品或服務的需求，他們自己就是目標用戶，並且對該產品擁有深入的知識和興趣，進而產生內在洞見。

然而，困難點在於，如何將這種洞見應用於市場上。工研院副總暨材料與化工研究所所長李宗銘就觀察到，在面對變化快速的產業，若希望提升技術研究邁向商業化的成功機會，就應加深與產業界的連接。

他舉例，政府每年約投注 80 至 100 億新臺幣於科專計畫，除了培養基礎技術以外，若能將科專計畫視為新創天使基金，作為研究與產業間的橋梁，便能讓科專計畫不只有資金資源，更能善用產業界的經驗，邀請業界專家引導團隊發展題目。

蘋果 CEO 提姆・庫克（Tim Cook）曾說：「創業不僅僅是創辦公司，而是解決問題、改變世界。創業是創造一個比現在更好的未來。」這也是為什麼蘋果的產品，總能滿足消費者對於自身生活想像的需求。

以這間世界最頂尖的科技消費品公司而言，他們不必當某項新技術的第一人，但卻要求做到這項技術的「最好」。他們不發明手機，但他們做出最好的手機；他們不發明虛擬實境裝置，但他們做出大家最想要的裝置。在這背後不是技術問題，而是技術如何像藝術品一般被應用到市場上，如何洞悉人心，了解消費者想要的生活。

因此，成功的創業需要從社會的需求出發。關注那些未被滿足的需求，而不是僅僅追求熱門話題。創業者應該從需求出發，而非僅僅關注技術層面。

分析市場的實作方法

在創業的戰場中，抓準時機也是門必學的藝術。在創業圈內有句話這樣說：「創業，別當凌晨兩點叫的雞。」這句話的意思是，在時機過早時創業，就算題目與方向都是正確的，也可以因為市場需求不夠蓬勃、法規未成熟，或是各種披荊斬棘的拓荒挑戰，都會讓公司陷入危機。最好的時機應是走在潮流前面半步，不早也不晚，若跟得太晚，也可能錯失切入市場的良機。

工研院前瞻技術指導委員會召集人吳錦城，在生涯中曾連續 4 次創業都成功售出，締造超過 60 億美元的市場價值。他指出，一個創業題目是否能抓準時機、創造需求，最終關鍵仍是洞悉市場和掌握技術。而且市場的特色就是有局限性，當第一個成功案例出現後，跟在其後的第二名、第三名也許還能勉強在市場中瓜分市占率，但其後就很難生存。

那麼，我們應該如何培養對於創業題目的敏銳度，並且抓對創業時機？吳錦城分享自己如何從日常生活中洞悉市場需求，以及在趨勢中尋找優秀的創業題目。他首先提出一個思考點：突破性的技術對其上游跟下游分別的影響為何？

觀察的方法可以是系統性的分析，思考每樣技術、產品或服務間的替代關係，例如，以前沒有這項技術時，它是怎麼運作的？有了這項技術後，它可以替代什麼東西？一旦替代後，還會產生什麼後續影響？如同偵探一樣，一步一步從上下游垂直分析、再往橫向分析，分析得愈深愈廣，就愈有機會看見整個社會中可以發生改變、但還沒有發生的商機。

要能做到這件事，首先，創業者必須具備市場知識及技術知識，才有能力看懂技術運用在市場所產生的衍生效益。

以材料為例，碳纖維很早就被應在產業中，1970 年代人們便以此材料製作釣魚竿、網球拍，後來廣泛應用至交通領域，從藍寶堅尼的跑車到美國波音生產的 787 夢幻客機，全面採用「碳纖維強化聚合物」（CFRP, Carbon Fiber Reinforced Polymers）複合材料，甚至包括風力發電機葉片、二次鋰電池與超級電容等能源領域也應用大量碳纖維。由此可見，一個關鍵的技術突破能大規模改變各產業的設計與製造，並從中創造出無限商機。（文／劉子寧）

精華摘要

- 創新科技的發展，帶來全新的勞動力結構、新經濟模式，以及新的社會聚集方式，其背後代表著龐大的創業機會與商業價值。
- 優秀的創業題目，來自於創業團隊對該產品或服務的需求，自己就是目標用戶，對該產品擁有深入的知識和興趣，了解如何應用於市場。
- 最好的創業時機，應是走在潮流前面半步，不早也不晚，若跟得太晚，可能錯失切入市場的良機。
- 創業題目是否能抓準時機、創造需求，最終關鍵仍是洞悉市場和掌握技術。

技術與產品

新創所推出的產品或服務，
技術本身雖然重要，但是否能與市場需求對接，
將更能左右創業成敗。

深科技（Deep Technology），是指利用科學或工程方法解決全球重大問題的高度技術，它包括人工智慧和大數據分析、工業 4.0 和機器人、區塊鏈、量子運算、生物科技等領域。深科技新創在全球已蔚為主流，根據美國研調機構《Startup Genome》的研究，2017 至 2018 年深科技新創的數量成長約 2 倍，已有約 45%的新創題目與深科技有關。

2022 年被投資人稱為「深科技年」，該年光是歐洲就迎來了 5 家深科技獨角獸，以及電池製造商 Northvolt、碳捕捉公司 Climeworks 和貨運新創 Einride 等深科技公司的大型融資案。這些深科技公司籌集了超過 160 億美元，在其他科技行業大量裁員的情況下，它們不斷增加員工數量。

之所以如此，最大的驅動力來自於人們意識到，在地緣政治、能源危機等情勢下，科學創新仍是所有解決方案的源頭。

推動深科技新創發展

深科技新創的崛起，為臺灣的新創生態系帶來機會，但也同時帶來挑戰。在臺灣，工研院的科研成果轉化為商業化的成功案例已經存在，這些科研成果的商業化成功，不僅為深科技新創提供了資金支持，也建立一個創新生態系統，促進科學研究和商業應用之間的有效結合。

但同時，我們也可以看到深科技新創的發展軌跡，與過往創投的習慣並不一致。在行動網路創業時代，當創投看見一個很強的創業者出現時，通常會想藉由資金的力量，讓他能以最快速度成為行業的領跑者。但在深科技領域，創業更需要團隊以頂尖技術構築護城河，在不同的垂直細分賽道上，都有機會誕生「隱形冠軍」。

所以，我們需要從研發的角度出發，建立一種能夠長期投資、能夠承受市場和研發雙重風險的募資模式，這樣才能更好地支持深科技新創的成長。

臺灣在發展深科技新創方面已經有一定的基礎，特別是像工研院中，各種科研創業計畫和價值創造計畫，逐步建立了常態的學術研發成果商業化機制，成為臺灣深科技新創發展的重要推動力。

跨域研究，找出突破性變革

根據工研院提出的 2035 年趨勢觀察，「智慧生活」、「健康樂活」、「永續環境」、「韌性社會」4 大領域將產生巨大變革，這些變革的底層就是深科技的研發。而我們所面臨的關鍵問題則是：技術變革的原動力來自何處？

工研院前瞻技術指導委員會召集人吳錦城指出，在未來，能引發人類社會巨大變革的創新過程分為三個層次，第一個是基礎研究，第二個是組合性突破，第三個則是發展出具有易近性的終端產品或解決方案。

以 1980 年代為例，台積電在晶片代工獲得全球性的成功，在當時，一個突破性的基礎研究就能創造出巨大的市場。然而，如今時代已經不同，突破性的變革不能僅依賴單一技術，必須來自不同技術的跨域整合。

他認為未來10年至20年內，大部分的突破都將是組合性的，而工研院能夠做到跨域整合思維，是因為能結合不同領域的專業知識，同時影響不同領域的科技，以產生下一代的組合性突破，例如結合資通訊研究，與大數據或無人機設計相結合，就有機會讓不同領域的人們進行溝通，產生的影響也會更大，使創新與創業的題目有機會兼具視野、廣度和深度。因此，工研院的角色就顯得更加重要，如何促進不同部門和研究單位的協同合作，成為臺灣是否能在深科技技術上獲得變革的關鍵。

但他也表示，唯有人工智慧是少數例外。人工智慧雖然是單一基礎技術，但其影響力能跨越不同領域、產生全面性的橫向突破。尤其，我們現在看見的人工智慧技術與應用，仍處於非常早期的階段，更應及早投入。

以ChatGPT來舉例，OpenAI自2015年起投入人工智慧基礎研究，並在不同領域中嘗試通用型的人工智慧應用，到了第三步，他們研發出可讓一般無技術背景的人，都能輕鬆與AI對話的ChatGPT，讓人工智慧真正的落實到日常生活中。

數位分身加速創新

除了在技術研究上，採取整合與跨域的合作模式外，吳錦城也特別提出，數位分身的概念將對創新創業的過程產生巨大

“將一個技術或創新轉變為好的產品或服務，關鍵在於及早驗證創業團隊的預設洞察是否正確。”

的影響。尤其是與硬體相關的產業，如半導體、機械和光電領域，它的導入將能夠大幅加速產品的迭代和發展。

在過去，一個產品從設計到成品往往需要打造原型機，調整後再重新修改設計，整個過程非常耗時。然而，數位分身的概念，將設計流程與實際應用相結合，在測試時，可以直接展示模擬的情況，並即時進行設計的修改，從而提高設計效率、降低製造費用與提前上市。

數位分身的類型很多元，除了產品分身以外，就連流程與系統也可以擁有數位分身。例如一座工廠可以製作其製造流程的數位模型，模擬查看生產過程在不同場景中的運作情況，甚至對每一個設備進行微調，事先提高維護系統的能力、減少代價高昂的錯誤，並且安全有效的加快製造速度。

當數位分身擴及整個區域或系統時，還能蒐集大量營運資料，有助於獲得洞察，優化所有相關流程。例如美國聖地牙哥政府協會，就曾建立城市的數位模型，模擬不同情境下的交通狀況，並藉此快速獲得不同方案的模擬結果，縮短決策與專案的時程。

數位分身已是創新與創業的大趨勢，可徹底改變製造業、汽車業、零售業、醫療、智慧城市、太空，甚至是石油和天然氣工業的既有運作方式，先在虛擬環境中嘗試、糾錯，將是未來管理事物時，最具成本效益的方式，也是最能進行創新研究的無垠空間。

但吳錦城也提出，談新的技術變革之前，也不能輕忽臺灣目前正領先的晶片產業。尤其在 AI、數位分身等技術的演進下，過往具有門檻的知識也有可能輕易被取代。

例如晶片的製程和材料，是兩個容易受到人工智慧影響的領域，尤其是製程能借助人工智慧進行許多優化，台積電經過數 10 年工程經驗累積出來的製程秘方，有可能在短短的時間內被人工智慧模型所模擬、預測，甚至得出更佳的結果。在這樣的前提下，已經具有優勢的產業更應加快導入人工智慧，在製程和設計上率先獲得創新與突破，以維持領先。

創新創業，商業為王

雖然技術變革相當重要，但最終技術仍要走向終端產品或服務，才能真正改變社會。從這個角度來看，新創所推出的產品或服務，與市場需求是否吻合，比起技術本身更能左右創業成敗。

而要將一個技術或創新，轉變為一個好的產品或服務，關鍵在於及早驗證創業團隊的預設洞察是否正確。LinkedIn 聯合創始人里德・霍夫曼（Reid Hoffman）曾說：「如果你對自家產品的第一個版本不感到尷尬，就表示你已經發布的太晚了。」

對於大多數新創來說，最大的風險在於產品和市場的適配度（Product Market Fit）。因此，最好能早一點製作出具體的雛形，迅速尋找消費者，看看是否有人願意購買，願意支付多少價格。

驗證想法的時機應愈早愈好，盡快了解產品是否符合客戶的喜好，以及他們願意支付的價格是多少。同時，需要被驗證的不只客戶需求，還包含驗證技術、驗證成本結構、甚至是供應鏈量產的能力，盡可能減少風險，以及未來可能衍生出的錯誤成本。可以說，在創新點子邁向商業化的過程中，非常重要的思維是：在任何一個環節上愈早做出改變，付出的代價就愈小。

每一家新創會面對很多的風險，有技術的風險、有市場的風險、有量產的風險、有供應鏈的風險、有跟你的通路談判的風險、有品牌的風險等，各式各樣的風險。創新工業技術移轉股份有限公司總經理瞿志豪認為，創業的過程本身，就是一系統性的減少風險的過程。

尤其，現在不少創業團隊都有海外發展的野心，期望在美國、中國甚至歐洲推出產品或服務，經常發生的錯誤之一，就是預設立場，忽略了不同國家使用者的需求、市場特性與生態體系。這個情況尤其容易發生在生醫產業中的醫療器材，因為醫材受到當地醫療法規與保險給付制度的影響非常深。

以臺灣而言，醫療行為受到健保制度的影響，與世界上大部分國家有著巨大的差異，無論是醫院、醫師或病人，他們在行為上絕對都不相同，如果僅以單一地區的狀況做為全部的樣本，就很容易遭遇困境。

以三創概念為核心

創業家在面對這些風險時最大的挑戰便是優先順序，並做出取捨。在整個過程中，技術只占其中一小部分，更重要的是如何在有限的資源下，做出適當的優先判斷，確保資源不會短期內被浪費在不那麼重要的事情上，而這需要團隊的判斷力和商業化經驗的支持。

這也是為什麼，工研院一直以創業、創新、創意的「三創」概念作為核心。榮剛集團創辦人陳興時分享，要從技術到創業的具體實踐並非易事，尤其隨著時代演進、全球產業的多樣性與複雜度比以往更高，技術研究者更應從價值面開始，以市場的需求為導向，而非一次全攬、覆蓋所有範疇。

他認為，重視價值面、市場需求，並面對數據化時代和國際市場的變化，同時深入了解業界歷史脈絡，才能有效推動產業的三創概念。

做為創業家，面對風險和挑戰的旅程，必然充滿曲折和不確定性。然而，透過謹慎的計畫、早期驗證和持續改進，將「商業」考量放在技術之前，創業家可最大限度的降低風險，把突破性的變革順利轉化為產品或服務，成功將創新的價值，透過創業實踐人類社會的進程。（文／劉子寧）

精華摘要

- 深科技是指利用科學或工程方法解決全球重大問題的高度技術，包括人工智慧、工業 4.0 和機器人、區塊鏈、量子運算、生物科技等領域，深科技新創在全球已成主流。
- 突破性的變革不能僅依賴單一技術，必須來自不同技術的跨域整合。工研院的重要性就是促進不同部門和研究單位的協同合作，是臺灣能在深科技技術上獲得變革的關鍵。
- 數位分身能蒐集大量營運資料，有助於獲得洞察，優化流程，是創新與創業的大趨勢，能徹底改變製造業、汽車業、零售業、醫療、智慧城市、太空，甚至是石油和天然氣工業的既有運作方式。

營運與人才

創新創業不僅關乎技術，
更重要的是營運與決策，及建立強大團隊，
才有可能打破新創圈中的魔咒。

突破性變革的技術，總是激發著創業家的渴望，希望能改變社會，實現如同科幻小說中的理想世界。然而，在創業這條路上，從種子到開花，從點子到改變社會，中間的路程卻是漫漫長路。

以 Netflix 為例，其創業歷程就是一個激勵人心的案例。Netflix 成立於 1997 年，最初是一家線上 DVD 租賃服務公司，由於創新的訂閱制模式而獲得成功，並於 2002 年在美國納斯達克上市。

但 Netflix 真正改變人們影視娛樂的觀看習慣，是它於 2007 年轉型為串流媒體服務，並在 2016 年將服務廣泛的推廣至全世界 130 多個國家與地區。

也就是說，歷經 20 年的創業之路，Netflix 才從一個本地的 DVD 租賃服務公司，正式轉變為今日的全球串流娛樂霸主。

由此可知，創新創業不僅關乎於一個好的點子、一個獨門技術，更多的是營運與決策，是降低風險，是規模化，以及建立一個強大良好的團隊文化，才有可能打破新創圈中「5 年存活率僅 1%」的魔咒，並將自己的理念與突破性的變革徹底實踐在人類社會之中。

創業團隊的國際化、規模化，以及團隊人才、工作文化等關鍵影響著成功與否。

在考量國際市場機會時，創業家必須考慮到不同文化、法規和競爭環境的因素，並制定適應國際化的策略；而隨著業務的擴大，公司需要應對規模的挑戰，包括資金、運營和管理；在這些決策與挑戰的底層，則需倚賴強大的團隊文化，以及具有遠見的創辦人，團隊成員也應具備各種專業知識和技能，並有共同的願景和價值觀。

最後，我們將討論在遠距工作成為新趨勢的現代，創業者如何面對工作文化的改變，並建立有效的遠程協作和溝通機制，保持團隊的凝聚力和創造力。

以世界為創業地圖

隨著全球市場重組及新技術出現，近年不少臺灣新創團隊前往國際首次公開募股（IPO, Initial Public Offering），包括 2021 年在日本上市的沛星互動科技（Appier）；2022 年，睿能創意（Gogoro）、大猩猩科技（Gorilla Technology）、玩美移動（Pefect Corp.）等，也以 SPAC（Special Purpose Acquisition Company，特殊目的收購公司）模式赴美掛牌，提升臺灣新創於全球市場的曝光度，以及面向國際市場之野心。

然而，出海雖已成為一個趨勢，但在與中、美兩大經濟體的市場聯繫度上，臺灣的新創生態系與其他國際競爭對手之間的程度還有很大差距。新創生態系如何能夠進一步拓展國際市場，成為下一個階段的機遇和挑戰所在。

創新工業技術移轉股份有限公司總經理瞿志豪點出，臺灣的市場規模沒有大到可以支撐起一個世界級的企業，卻也沒有小到像以色列那樣，驅使創業者在草創階段就把目光放在國際市場。這使得臺灣的創業計畫多半規模較小、資金較小、市場需求也以臺灣本土為主，少有立志成為國際企業的雄心壯志。相反的，以色列的新創企業幾乎每一家公司都以世界舞台為目標，希望成為指標型的國際公司。

創業最好面向大市場，但在挑選市場時，仍應考量自己的創業題目屬於哪一種類型，瞿志豪分享兩種不同的創業策略。

第一種是具有獨特性跟絕對優勢的創業題目，例如某一種先進技術、或是全新的商業模式，一旦成功、就會創造巨大價值與變革的類型。這一種題目適合挑戰歐洲或美國等先進國家市場，除了市場夠大之外，也具有清楚的法律規範，並保護智慧財產權，只要能清楚的掌握市場需求，將技術轉化為精準的產品或服務，一般而言都能取得不錯的成績。

第二種則是跟進者，仿效他人的商業模式，在不同市場做開發。這類型的創業較適合在開發中國家或東南亞國家做嘗試。這些市場的特色是強調人脈等軟性關係，如果可以在當地掌握先機，傷亡率會比做開創性的第一人來得低。

雖然大部分創業者都希望可以做第一人，但也須面臨更大的市場不確定性；相反的，跟進者可以參考開創者所面臨的挑戰，反而能夠省去試錯的過程，也是一種可以發展的策略。

無論是選擇哪一種創業類型，發展海外新市場仍是一大挑戰，不僅需要克服當地文化、用戶習慣等在地化課題，能否取得足夠資金，也影響新創出海的步調與策略。因此，透過和其他國家和地區的交流連結，能為臺灣新創帶來更多機會和資源，同時也是思維上的刺激與轉變。

以色列人口不到 1,000 萬人，卻藉由一連串措施在 70 年內打造出 50 倍的經濟成長，是臺灣創新創業可借鏡的典範。

以色列之所以成功，創新創業與科技驅動是最重要的原動力。以色列政府致力於建立一個創業友好的生態系統，透過簡化創業程序、提供資金與稅收優惠，促使大量人工智慧、生物科技、資訊技術、農業與醫療等高科技創業團隊的誕生。而這些新創團隊也不以以色列本土市場為目標，而是積極尋求國際合作和全球市場，驅動了國家整理經濟的快速增長。

此外，以色列擁有豐富多元的新創社群與生態圈，創業家們能夠互相分享資源，形成一個由政府、投資人、孵化器與創業團隊共生共榮的生態鏈，彼此動態影響且互補互助，不是光靠政府的力量，而是一種社會氛圍，是從下而上長出來的良好創業環境。

臺灣雖能在制度、法規等看得見的事物上快速學習複製，但唯有文化、社群與社會氛圍的部分，還需要更多養分，並在時間的催化下孵育創業環境。

先放手，才能放大

當創業團隊已經在技術與商業化上取得成績，並擁有了早期使用者，這時，創業團隊遇到的下一個難題，往往是如何將企業規模化，並將經濟價值與影響力放大。

從 0 到 1 的關鍵因素是「產品或市場適合度」，從 1 到 100 的規模化關鍵因素則是「資金」。但對於募資，許多創業團隊有著複雜的心情——既希望募到資金，加速公司發展，另一方面卻害怕股權稀釋，自己將失去掌控權。不少團隊在募資時為了保住股權而開高價格，反使募資失利、公司進程也停滯不前。

曾經 4 次成功創業、工研院前瞻技術指導委員會召集人吳錦城指出，公司要邁向規模化，股權稀釋是必要的過程，同時也是考驗創辦人心態與能力的關鍵，更是決定公司能否突破瓶頸的關卡。

新創團隊不必過度害怕股權被稀釋，重要的是慎選投資人，在價值觀一致的情況下，適度讓出公司所有權，尤其創業過程會經歷不同階段風險，好的投資人可以成為解決問題的夥伴，在互補、互助、互利的心態下一起將公司帶向下一個里程碑。

如何打造好的創業團隊

在創投界中有句俗話：「寧願投資一個做 B 級題目的 A 級團隊，也不要投資一個做 A 級題目的 B 級團隊。」在他們的觀察中，一個有經驗的優秀團隊，具有不斷調整優化的能力以及更強的執行力，可以把錯的題目修正成正確的方向；相反的，如果團隊經驗與能力不足，哪怕選定的題目再好，也有機會把它搞砸。

由此可見，「團隊」在新創事業中扮演角色極其重要，也給了所有創業者一個重要的觀念：在你向外尋找合適人選的同時，更需要具備向內自省的能力，認清自己的天花板，才不會限制新創事業的發展。

一間公司的成長可以分很多階段，每一個階段重視的能力都不一樣。在草創階段，重要的是讓點子具體落實在商業中，創辦人應具備合作的心態，透過尋找共同創辦人補足自身不足的能力，最好是兩、三個夥伴各有專長，組合成一個互補的完美組合。

當公司度過從 0 到 1 的階段，要開始挑戰 1 到 100 時，公司經營的重點將會從產品與市場研究的階段離開，向外轉移進入到市場推廣的戰場。這時問題也會一一浮現：團隊是否具有行銷經驗、組織是否有效率、資金運用是否合宜……創辦團隊需要具備自知之明，了解這些問題背後所需的領導風格與草創時已大不相同，而自己是否為正確的領導人選？還是應該尋找更合適的專業經理人？

這是新創企業走向規模化與永續的必經之路，卻也是一道坎，不能放棄的人往往比能放棄的人多得多。

深耕科技產業及創投業逾 50 年、中磊電子榮譽董事長暨共同創辦人王伯元也分享，新創企業要成功，最重要的關鍵之一，就是找到專業 CEO。他觀察，很多新創團隊裡，常由研發者擔任 CEO，但是擅長技術研發的人，不一定懂得如何經營公司，若能提早意識到這一點，將公司交給真正擅長經營企業者擔任 CEO，公司發展通常會較為順利。

例如 2000 年時，中磊電子當時的總經理坦承自身能力有限，無法帶領公司繼續向上成長，於是王伯元在全球各地尋找傑出經理人，最後在美國找到符合需求的人才，也使中磊日後寫下每年營業額成長 20%的好成績。

適應新的工作文化

自 2020 年新冠肺炎疫情大流行後，全球遠距工作的趨勢快速增長，並且在許多新創團隊中成為主流，甚至是不少工作者的優先考量之一。雖然遠距工作的確有其好處，例如提供更靈活的工作環境、減少辦公空間和相關設施的成本，還可以打破地域限制，雇用居住在世界各地的人才，獲得更多樣化的人才。

然而，遠距工作最大的問題就是，不利於人與人之間的關係建立，也較難培養團隊間的信任感。因此，協議式（Protocol）工作文化，在許多新創公司中愈來愈受歡迎，這種建立於一個清楚明確的結構與協議，使每個人都能以自主、協

> 遠距工作因缺乏信任將導致衝突和分歧，
> 創業團隊必須重視人際關係，
> 在工作型態與團隊信任上取得平衡。

作與平等的工作方式完成自己的職責，不需要仰賴面對面的溝通，也可以高效的透過網路協作達到工作成果。

不過，瞿志豪分享，這種新型態的工作文化仍然不利於團隊建立，雖然人類社會在科技的演進下不斷改變，但人際互動產生的效應卻是亙古不變。當一個團隊具備高度連結感時，遇到困境或不確定性時，可以透過凝聚力來互相支持，進而降低失敗的風險。

尤其新創團隊資源有限，在面對每一天排山倒海而來的任務時，勢必要決定哪些任務是當務之急，哪些則必須放棄。每個成員的優先順序難免不同，這時需要大量的溝通和妥協，團隊成員間的信任更扮演舉足輕重的角色，只有在信任的基礎上，才能真正開放地表達自己的觀點和想法，並且相信其他成員也是為了團隊的利益而努力。

因此，雖然遠距工作是全球趨勢，但缺乏信任將導致猜忌、衝突和分歧，進而威脅到團隊的凝聚力和持續發展，創業團隊仍須重視人際關係的建立，在工作型態的彈性與團隊信任的建立上取得平衡。

創業是一門藝術

創業要成功，有時候宛如一門藝術，需要靠能力與經驗，但更多時候也是一種無法言說的運氣。瞿志豪更以一句流傳的俗話來歸結創業中成功的幾個隱藏因素：「一命二運三風水，四積陰德五讀書」。

「一命」與「二運」，代表創業的時機，也就是天時地利人和的因素。當中包括當下產業的趨勢、技術的發展以及社會經濟的環境。在適當的時機，創業者將會獲得更好的成果。這也是為什麼許多偉大的創業家，如蘋果的賈伯斯、微軟的比爾蓋茲等人，幾乎在同一時代崛起，他們都把握了全球電腦產業的第一波大潮流，在時代的洪流下打造個人電腦時代的帝國。時勢造英雄，當機會來臨時，能力強大的人就有機會成為優秀的創業者。

而「三風水」指的是，要選擇站在產業中的有利位置，這部分必須倚賴創業者平時對於技術、產業、市場的觀察，藉此獲得戰略性的優勢；「四積陰德」可以理解為與人交往、建立人脈，在平時就廣結善緣，樂於助人，日後就能獲得比他人更多的機會；「五讀書」是指不斷學習和提升自己的能力，鑽研於技術的突破、商業經營的洞察力等。

總結這些因素，可以發現創業成功是眾多因素的綜合體，天時地利人和、良好的人脈關係以及持續學習和成長，這些因素都對創業的結果產生著重要影響。當然最重要的一點，仍是回到初衷，記得創業的動力來自於改變世界的心願，讓突破性的變革能影響人類社會，方能堅持在這條披荊斬棘的創業路上屢敗屢戰、向世界突圍。（文／劉子寧）

精華摘要

■ 創業最好面向大市場，在挑選市場時，應考量創業題目屬於哪種類型，第一種是具有獨特性跟絕對優勢的創業題目，一旦成功會創造巨大價值與變革的類型。第二種是跟進者，仿效他人的商業模式，選在不同市場開發。

■ 新創團隊要邁向規模化，在慎選投資人且價值觀一致的情況下，適度股權稀釋是必要過程，也是考驗創辦人心態與能力的關鍵，更是決定公司能否突破瓶頸的關卡。

■ 新創團隊常由研發者擔任 CEO，但是擅長技術研發的人，不一定懂得經營，若能提早意識到並將公司交給擅長經營企業者擔任 CEO，公司發展將更順利。

附 錄

臺灣產業發展推手——工研院

自 1973 年成立以來，工研院一直致力於為臺灣的產業提供技術支援和升級服務。在產業轉型發展的每一個關鍵轉捩點，都扮演重要角色與貢獻，與產業同行。

1970 年代 從勞力密集轉為資本密集

經濟背景

暴發石油危機，全球經濟動盪

1973 年與 1975 年連續暴發石油危機，全球經濟陷入不景氣，臺灣因生產成本劇增、出口大幅下降、退出聯合國等因素使投資意願下降。1972 年，為了加速經濟的發展，並繼續擴大外銷，臺灣省主席謝東閔提出「客廳即工廠」口號，鼓勵各工廠將部分加工性質的工作分包給附近地區的家庭主婦，讓家庭主婦將零件攜帶回家組裝、加工。1974 年，時任行政院院長的蔣經國下令推動 10 大建設。臺灣從勞力密集轉為資本密集，開始發展基礎工業與重工業。

工研院角色

引進國外技術，改變臺灣產業型態

1973 年，奉總統令工業技術研究院正式成立，此時期工研院著力於改善工業結構，引進國外技術，並運用政府科技專案計畫進行技術學習與吸收。

1975 年，工研院派先鋒部隊工程師，到美國布朗夏普公司購買設備及學習工具機，造就現在的第三個兆元產業。1976 年，與美國 RCA 公司簽訂積體電路技術移轉授權合約，1977 年，積體電路示範工廠落成，啟動國內首條積體電路製造生產線。

1980 年代 發展技術密集產業，製造王國的推手，帶動新興工業蓬勃發展

經濟背景

能源危機造成不景氣

1980 年代，為了因應第二次能源危機所導致的不景氣，加上外貿政策推動下，臺灣貿易順差不斷擴大，總體經濟失衡日益嚴重。為此，政府採取經濟自由化與國際化做為經濟發展新主軸，開展技術密集產業，改善產業結構。

1980 年，設立新竹科學工業園區，以優惠鼓勵投資高科技產業。1980 年至 1985 年政府推動 12 項建設，提升基礎設施的質與量。

工研院角色

深耕技術，擴散產業人才

在此時期，工研院一方面協助傳統產業轉變生產型態，另一方面進行既有技術的製程改善與進階開發，並將人才轉移至民間，帶動新興工業發展。

1980 年，衍生聯華電子股份有限公司，是臺灣第一家積體電路

公司，也是第一批進入新竹科學園區的公司，更在 1985 年成為臺灣首家上市的半導體公司。1983 年，政府委託工研院執行超大型積體電路（VLSI）計畫，打造實驗工廠。1987 年，VLSI 計畫衍生成立台灣積體電路公司（TSMC），首創全球晶圓代工模式，為日後蓬勃發展的 IC 設計產業奠定基礎。1982 年，發展國內第一座工業用機器人；1989 年，成立盟立自動化；1990 年，技轉線切割放電加工控制技術，建立全國線切割機產業，促使我國成為世界級的線切割機生產國。

1990 年代 建立關鍵核心技術，推動產學研國際合作，無圍牆研究

經濟背景

發展新興產業，工業升級轉型

1990 年代的臺灣經濟逐漸邁入成熟階段，於 1990 年公布「促進產業升級條例」，發展通訊、資訊等 10 大新興行業，帶動技術與知識密集產業發展，驅動臺灣工業順利轉型、升級，資訊科技產業（IT）蓬勃發展，從「雨傘王國」、「玩具王國」蛻變成「資訊王國」。

1993 年，貫徹「振興經濟方案」，改善投資環境，激勵民間投資意願。

工研院角色

在關鍵技術自主化，孕育新興產業

工研院進行關鍵技術開發並建立核心技術，重要措施包括：國際技術合作、策略聯盟與技術移轉業界等，積極落實產業效益。

1990 年，召集全國資訊電腦廠商成立「筆記型電腦聯盟」，建立產業標準分工，扎下臺灣全球最大筆記型電腦生產國根基。

1993 年，完成全國首座 8 英吋晶圓廠次微米實驗室，同年 4 月首批 8 英吋晶圓 0.5mm 12Mb DRAM 驗證成功，為國人首度以自有技術製作完成之 DRAM 產品。1994 年，次微米實驗室成立衍生公司為世界先進積體電路公司，正式移轉成功。

1995 年，結合國內汽車廠（中華、裕隆、羽田、三陽）與英國 Lotus 顧問公司，共同完成國內首具 1.2 升四行程汽車共用引擎量產開發，並促成業者投資成立國內首家汽車引擎生產廠商一華擎公司。

創匯產業紡織於 1993 年開發出 0.15 丹尼的超細纖維，協助三芳化學工業公司建立臺灣第一座超細纖維人工皮革廠，促成三芳化工轉型成為世界第一大的人工皮革供應商，之後數十年間，紡織、人纖產業為臺灣賺進每年超過 90 億美元的外匯，為臺灣第一大創匯產業。

2000 年代 全球金融海嘯 發展知識密集產業，產業再造與全球鏈結

經濟背景

網路泡沫化，恐攻頻傳

先後遭逢 2001 年全球網路泡沫化及美國 911 恐怖攻擊事件、2002 年臺灣加入世界貿易組織（WTO）、2008 年全球金融海嘯，產業衝擊紛至沓來。為掌握時代變動下的新契機、強化經濟體質，2009 年發展生物科技、綠色能源、醫療照護、精緻農業、文化創意、觀光旅遊「六大新興產業」，以推升經濟成長動能。

工研院角色

創造科技價值，推升前瞻創新的開路先鋒

持續進行前瞻與創新之技術開發，包括成立產業學院、創意中心、服務業科技應用中心等，並進行組織調整，成立五大焦點科技中心，與國內外學術機構共同成立研發中心。

同時聚焦六大新興產業，例如於生物科技產業，開發生物晶片及再生醫學技術，進軍全球生物晶片代工與高階醫材市場；綠色能源則衍生成立「旺能光電」，發展太陽能電池產業，同時與台泥合作，開發二氧化碳捕獲與封存技術，從各面向帶領臺灣產業以創意領航，啟動創新引擎。

2010~2023年代 永續與綠色轉型

經濟背景

產業再次升級轉型，邁向淨零排放

2018年，政府提出「5+2產業創新計畫」，聚焦「智慧機械」、「亞洲·矽谷」、「綠能科技」、「生醫產業」、「國防產業」、「新農業」及「循環經濟」，加速臺灣產業轉型升級，驅動臺灣下世代產業成長的核心，為經濟成長注入新動能。此外，為呼應國際淨零倡議，臺灣宣示「2050淨零排放」目標，在「科技研發」和「氣候法制」基礎上，推動能源、產業、生活、社會等4大轉型。

工研院角色

攜手產業綠色轉型，邁向永續未來

2018年，工研院成立「人工智慧應用策略辦公室」、「循環經濟

策略辦公室」、「電網管理與現代化策略辦公室」。2019 年，國內第一座兼具自然、人文、科技的沙崙智慧綠能科學城正式啟用。2021 年，成立「淨零永續策略辦公室」，宣布工研院將在 2050 年達到淨零排放的目標，並運用跨領域整合產業的創新研究和科技研發，協助臺灣產業朝向淨零永續發展。

BCB810

洞見未來

勾勒美好新境界

作者——王明德、陳玉鳳、廖珮君、劉子寧
企劃出版部總編輯——李桂芬
主編——羅德禎
責任編輯——尹品心
封面設計——方智弘（特約）
美術設計——劉雅文（特約）
編審委員——林佳蓉、楊桂華、許淑珮、王友信、楊玟欣、王珮華

出版者——遠見天下文化出版股份有限公司
創辦人——高希均、王力行
遠見・天下文化 事業群榮譽董事長——高希均
遠見・天下文化 事業群董事長——王力行
天下文化社長——林天來
國際事務開發部兼版權中心總監——潘欣
法律顧問——理律法律事務所陳長文律師
著作權顧問——魏啟翔律師
地址——台北市 104 松江路 93 巷 1 號
讀者服務專線——（02）2662-0012 ｜ 傳真——（02）2662-0007；（02）2662-0009
電子郵件信箱——cwpc@cwgv.com.tw
直接郵撥帳號——1326703-6 號 遠見天下文化出版股份有限公司

製版廠——東豪印刷事業有限公司
印刷廠——鴻源彩藝印刷有限公司
裝訂廠——中原造像股份有限公司
登記證——局版台業字第 2517 號
總經銷——大和書報圖書股份有限公司 電話／（02）8990-2588
出版日期——2023 年 10 月 31 日 第一版第 1 次印行

定價——NT 500 元
ISBN——978-626-355-387-3
EISBN——9786263553996 (EPUB)；9786263553989 (PDF)
書號——BCB810
天下文化官網——bookzone.cwgv.com.tw

國家圖書館出版品預行編目 (CIP) 資料

洞見未來：勾勒美好新境界/王明德, 陳玉鳳, 廖珮君, 劉子寧著. -- 第一版. -- 臺北市：遠見天下文化出版股份有限公司, 2023.10
面； 公分
ISBN 978-626-355-387-3(平裝)

1.CST: 產業發展 2.CST: 技術發展 3.CST: 臺灣

555.933 112013844